O IMPACTO DA REVOLUÇÃO RUSSA NO BRASIL
(1917-1920)

Editora Appris Ltda.
1.ª Edição - Copyright© 2025 dos autores
Direitos de Edição Reservados à Editora Appris Ltda.

Nenhuma parte desta obra poderá ser utilizada indevidamente, sem estar de acordo com a Lei nº 9.610/98. Se incorreções forem encontradas, serão de exclusiva responsabilidade de seus organizadores. Foi realizado o Depósito Legal na Fundação Biblioteca Nacional, de acordo com as Leis nos 10.994, de 14/12/2004, e 12.192, de 14/01/2010.

Catalogação na Fonte
Elaborado por: Dayanne Leal Souza
Bibliotecária CRB 9/2162

A345i 2025	Albuquerque, Jefferson Gustavo Lopes de O impacto da Revolução Russa no Brasil: (1917-1920) / Jefferson Gustavo Lopes de Albuquerque. – 1. ed. – Curitiba: Appris, 2025. 167 p. ; 23 cm. – (Coleção Ciências Sociais. Seção História). Inclui referências. ISBN 978-65-250-7664-5 1. Bolchevique. 2. Revolução Russa, 1917-1920. 3. Brasil. 4. Movimento operário. 5. Parlamento. I. Albuquerque, Jefferson Gustavo Lopes de. II. Título. III. Série. CDD – 303.64

Livro de acordo com a normalização técnica da ABNT

Appris editorial

Editora e Livraria Appris Ltda.
Av. Manoel Ribas, 2265 – Mercês
Curitiba/PR – CEP: 80810-002
Tel. (41) 3156 - 4731
www.editoraappris.com.br

Printed in Brazil
Impresso no Brasil

Jefferson Gustavo Lopes de Albuquerque

O IMPACTO DA REVOLUÇÃO RUSSA NO BRASIL

(1917–1920)

Appris
editora

Curitiba, PR
2025

FICHA TÉCNICA

EDITORIAL
Augusto Coelho
Sara C. de Andrade Coelho

COMITÊ EDITORIAL E CONSULTORIAS
Ana El Achkar (Universo/RJ)
Andréa Barbosa Gouveia (UFPR)
Antonio Evangelista de Souza Netto (PUC-SP)
Belinda Cunha (UFPB)
Délton Winter de Carvalho (FMP)
Edson da Silva (UFVJM)
Eliete Correia dos Santos (UEPB)
Erineu Foerste (Ufes)
Fabiano Santos (UERJ-IESP)
Francinete Fernandes de Sousa (UEPB)
Francisco Carlos Duarte (PUCPR)
Francisco de Assis (Fiam-Faam-SP-Brasil)
Gláucia Figueiredo (UNIPAMPA/ UDELAR)
Jacques de Lima Ferreira (UNOESC)
Jean Carlos Gonçalves (UFPR)
José Wálter Nunes (UnB)
Junia de Vilhena (PUC-RIO)
Lucas Mesquita (UNILA)
Márcia Gonçalves (Unitau)
Maria Margarida de Andrade (Umack)
Marilda A. Behrens (PUCPR)
Marília Andrade Torales Campos (UFPR)
Marli C. de Andrade
Patrícia L. Torres (PUCPR)
Paula Costa Mosca Macedo (UNIFESP)
Ramon Blanco (UNILA)
Roberta Ecleide Kelly (NEPE)
Roque Ismael da Costa Güllich (UFFS)
Sergio Gomes (UFRJ)
Tiago Gagliano Pinto Alberto (PUCPR)
Toni Reis (UP)
Valdomiro de Oliveira (UFPR)

SUPERVISORA EDITORIAL Renata C. Lopes

PRODUÇÃO EDITORIAL Sabrina Costa

REVISÃO Viviane Maffessoni

DIAGRAMAÇÃO Amélia Lopes

CAPA Mariana Brito

REVISÃO DE PROVA Ana Castro

COMITÊ CIENTÍFICO DA COLEÇÃO CIÊNCIAS SOCIAIS

DIREÇÃO CIENTÍFICA Fabiano Santos (UERJ-IESP)

CONSULTORES
Alícia Ferreira Gonçalves (UFPB)
Artur Perrusi (UFPB)
Carlos Xavier de Azevedo Netto (UFPB)
Charles Pessanha (UFRJ)
Flávio Munhoz Sofiati (UFG)
Elisandro Pires Frigo (UFPR-Palotina)
Gabriel Augusto Miranda Setti (UnB)
Helcimara de Souza Telles (UFMG)
Iraneide Soares da Silva (UFC-UFPI)
João Feres Junior (Uerj)
Jordão Horta Nunes (UFG)
José Henrique Artigas de Godoy (UFPB)
Josilene Pinheiro Mariz (UFCG)
Leticia Andrade (UEMS)
Luiz Gonzaga Teixeira (USP)
Marcelo Almeida Peloggio (UFC)
Maurício Novaes Souza (IF Sudeste-MG)
Michelle Sato Frigo (UFPR-Palotina)
Revalino Freitas (UFG)
Simone Wolff (UEL)

SUMÁRIO

INTRODUÇÃO 7
1.1 Balanço historiográfico 11

1
ALTERNATIVA REAL AO CAPITALISMO 21
1.1 O processo revolucionário de 1917 21
1.2 A Revolução Russa e seus desdobramentos 31
1.3 América latina 39

2
**O MOVIMENTO OPERÁRIO BRASILEIRO E O PROCESSO
DA REVOLUÇÃO RUSSA** 43
2.1 Determinações estruturais e a formação da classe trabalhadora no Brasil 43
2.2 As primeiras ressonâncias no Brasil 50
2.3 A situação da classe trabalhadora 57
2.4 A greve geral de 1917 62
2.5 Os ecos revolucionários russo no Brasil: Caminhos e travessias na vida
e militância de Astrojildo Pereira, Edgar Leuenroth e Octávio Brandão 68
2.6 Como as entidades da classe trabalhadora enxergavam a Revolução
de Outubro 83
2.7 A tentativa frustrada de tomada de poder 93

3
**DO TEMOR A REVOLUÇÃO À SOLUÇÃO DA MESMA: ACENDE DEBATE
SOBRE A LEGISLAÇÃO SOCIAL NA POLÍTICA BRASILEIRA** 99
3.1 Um aspecto ronda a grande imprensa brasileira: o maximalismo mundial 99
3.2 Tratado de Versalhes: proposta da "paz operária"
e o governo brasileiro concorda 102
3.3 O assombro dos sovietes: reacende o debate sobre a legislação
trabalhista no Brasil 107
3.4 Deputados pelas reformas, mas contra a revolução: Maurício de Lacerda,
Nicanor Nascimento e Andrade de Bezerra 127
3.5 O Debate sobre a legislação trabalhista na câmara: pelas reformas
e contra a Revolução 137

CONSIDERAÇÕES FINAIS 153

REFERÊNCIAS 159

INTRODUÇÃO

O ano de 2017 foi emblemático para a história da humanidade, pois completaram-se 100 anos da revolução Russa. O evento que ocorreu em 1917 ocasionou e ocasiona debates acirrados em torno de seu significado. Dentro do movimento operário e de seus respectivos partidos políticos, a experiência revolucionária e, posteriormente, o Estado soviético são vistos como aspectos positivos. Do outro lado da trincheira, a burguesia faz e fez balanços negativos sobre a revolução Russa e seu significado, como comentaremos a seguir nesta introdução.

Os governos burgueses foram impactados e tiveram que debater as formas de impedir que aquele mesmo "descalabro humano" se alastrasse pelo mundo afora. Diante desse contexto pós-1917, inicia-se uma escalada do ímpeto revolucionário na Europa. Um exemplo é o caso da Alemanha em 1919, liderado pelos dissidentes do Partido Social Democrata Alemão, Rosa Luxemburgo e Karl Liebknecht, que foram presos e assassinados, e a revolução foi abafada. Outro evento bastante significativo, com influência direta da Revolução Russa, foi a República Soviética da Hungria, liderada pelo comunista Bela Kun, que subiu ao poder em 1919 e foi preso pela reação três meses depois. Todo esse processo levou o historiador Eric Hobsbawm a denominar esse período como "a revolução mundial" (Hobsbawm, 2012, p. 61-90).

A revolução operária de outubro de 1917 teve seus primeiros impactos nos movimentos trabalhistas de várias partes do mundo, articulando-se politicamente para lutar por uma sociedade mais justa e sem desigualdades. Os trabalhadores de toda Europa obtiveram várias conquistas em seus países, pois os governos de Democracia representativa receavam que a revolução se espalhasse por toda a Europa e o restante do mundo. Outubro de 1917[1] alertou o mundo sobre os perigos de uma classe trabalhadora totalmente desprovida de quaisquer direitos trabalhistas e também a exploração extrema da sua força de trabalho. Esses trabalhadores passaram a se organizar cada vez mais em sindicatos e partidos políticos.

---

[1] O processo revolucionário na Rússia começou em fevereiro (março, no calendário ocidental) e já teve suas primeiras ressonâncias no movimento operário mundial, porém, a que teve maior impacto foi a Revolução de Outubro, pelo seu rompimento com o modo de produção capitalista. É por isso que iremos dar maior ênfase a outubro.

Todavia, é possível perceber a influência da Revolução Russa no que diz respeito ao Brasil em pelo menos duas dimensões, as quais pretendemos analisar mais adiante. A primeira diz respeito ao movimento operário, sua forma de luta e seus objetivos; a segunda, a um debate ocorrido na Câmara Federal no sobre a criação de leis de proteção ao operariado.

Sendo assim, este livro tem o objetivo estudar os impactos revolucionários ocorridos na Rússia e como seus desdobramentos pelo mundo alertaram as elites políticas do Brasil. Isso pode ser observado pela maneira como os grandes jornais de cunho conservador tratam as questões operárias em suas colunas, destacando a importância das leis trabalhistas para amortecer uma possível tentativa de irrupção social.

Como exemplo, pode-se observar as repercussões no Parlamento por meio do deputado federal Maurício de Lacerda e Nicanor Nascimento, que juntos apresentaram um anteprojeto chamado "Código do Trabalho". Esse projeto foi colocado em pauta, em caráter de urgência, em 1917, justamente devido à questão operária que o mundo estava debatendo.

Como já foi tangenciado nas primeiras linhas desse texto, hoje, mesmo depois da queda do bloco socialista, o debate permanece vivo e atual. Tanto para aqueles que se guiam nas propostas socialistas de mudar o mundo como também aqueles que veem a Revolução Russa como uma tragédia a ser rechaçada. Ambos têm em comum o fato de verem a Revolução Russa como ponto de referência: seja para confirmar que precisamos de uma alternativa ao capitalismo e tudo que ele representa, ou para os adversários do comunismo, que alegam (e alegaram no passado) que esse sistema social não funcionaria e causaria a destruição da tradição ocidental da família, da pátria e da propriedade privada. Além disso, sustentam que esse sistema, além de causar um cerceamento das liberdades individuais dos cidadãos, leva inexoravelmente a uma ditadura totalitária. No entanto, o discurso talvez mais difundido é o da suposta superioridade econômica do capitalista em relação ao socialismo, cujo desmoronamento do bloco soviético fez com que este discurso fosse elevado a enésima potência.

No entanto, longe de negar as frustrações que o primeiro Estado operário consolidado trouxe, como a ditadura stalinista sobre operários e camponeses que, de fato, não tinham o controle da produção, além das perseguições políticas e dos campos de trabalho forçado, conhecidos como *Gula,* é inegável que esse período de terror nas terras dos *sovietes* manchou a história do movimento operário. Sem sombra de dúvida, deu munição aos inimigos da classe operária para propagandear como esses regimes foram um inferno na terra.

Longe da histeria produzida durante o embate da Guerra Fria, vemos até hoje a imagem desses antigos regimes socialistas dentro da ótica dos países capitalistas, por meio dos seus aparelhos privados de hegemonia. Esse trabalho, por outro lado, tem como objetivo mostrar a positividade que esse processo histórico legou para os trabalhadores do mundo inteiro, buscando mostrar como a Revolução Russa mexeu com o imaginário do movimento operário brasileiro e fez emergir debates em torno de uma legislação social.

A assertiva de que toda produção histórica é do tempo presente não se mostra inverídica, pois, ao investigar os eventos do passado, nos deparamos com os problemas e desafios da nossa atualidade. Com o fim do bloco socialista e o triunfo dos "vencedores", estes ficaram à vontade para espoliar em cima dos cortejos fúnebres do regime derivado do pensamento de Karl Marx e Friedrich Engels. Os seus intelectuais orgânicos do liberalismo mais radical ficaram entusiasmados para propagar o fim da história: como o caso do livro *O fim da história* e o *Último homem,* de Francis Fukuyama, e foi um desses livros apologéticos ao modelo neoliberal que fez sucesso em sua época; hoje, esse autor encontra-se no ostracismo justamente por defender que o único modelo a ser seguido é o capitalismo de face ultraliberal.

As décadas de 80 e 90 marcaram negativamente a classe trabalhadora no mundo, especialmente na Europa Ocidental, porque foram décadas de profundos ataques às concessões sociais que os trabalhadores e seus respectivos partidos políticos conseguiram, por meio da dinâmica dos movimentos reivindicatórios e do medo do comunismo, fizeram com que houvesse concessão do capital em relação ao trabalho (é bom deixar claro não existe conciliação entre capital e trabalho, mesmo nos estados de bem-estar social).

Em 1973, a estagnação do crescimento capitalista no Ocidente fez florescer as teses do ultraliberalismo, cujo patriarca foi *Hayek,* que vivera maior parte de sua vida intelectual no ostracismo, ofuscado por John Maynard Keynes, que via (diferente de Hayek) o Estado como um agente importante na intervenção na economia. Ou seja, foi a visão de Keynes que norteou a política econômica da Europa pós-crise de 1929.

Foi no final da década de 70 que subiu ao poder um governo ultraliberal no plano econômico, mas conservador no sentido político: Margareth Thatcher, eleita na Inglaterra, foi a primeira a adotar essas teses nos países de regime político democrático, pois a ditadura militar de Pinochet no Chile já havia adotado essa política econômica. Thatcher começou a impor aos trabalhadores esse programa econômico, com medidas de demissão em massa, ataque aos sindicatos, retração monetária, quebra dos monopólios estatais, elevação das taxas de juros, privatizações e cortes nos gastos sociais.

Em suma, a ideologia ultraliberal tem como objetivo destruir o Estado previdenciário, que foi constituído no pós-Segunda Guerra Mundial para intensificar a mais-valia do capital sobre o trabalho. Por fim, essas medidas ultraliberais tiveram ressonâncias em várias regiões do mundo, incluindo a América Latina, acarretando sofrimento à população trabalhadora, uma vez que inexistência de proteção social promovido pelos Estados recém redemocratizados (na América Latina, passou por um processo doloroso de sua história: vários golpes de Estado promovidos pelos militares, com apoio do capital estrangeiro, para frear a emersão das classes subalternas ou barrar projetos de reformas de base, como foi o caso do Brasil). Portanto, o Brasil e a América Latina, de modo geral, tiveram o mais duro e amargo remédio promovido pela agenda regressiva ultraliberal, justamente por não haver nessa região nenhuma forma de Estado previdenciário para população, diferente da Europa ocidental.

É nessa "avalanche" ultraliberal, que teve como êxito o fim "socialismo real", que não demorou a mostrar aos trabalhadores uma face mais predatória do capitalismo de livre mercado: milhões de pessoas pelo mundo ficaram sem emprego e sem proteção social (para não falar de guerras, epidemias e fome que o mundo assistiu nas últimas décadas). A desigualdade social só vem evidenciando o fosso que existe entre ricos e pobres no mundo:

> Segundo o relatório, nunca se produziu tanta riqueza, mas ela se concentra no grupo que compõe o 1% mais rico da população mundial, cuja renda aumentou 182 vezes mais que a dos 10% mais pobres entre 1988 e 2011. Com isso, a entidade estima que o mundo terá seu primeiro trilhardário em apenas 25 anos (Folha de São Paulo, 16 de janeiro de 2017).

Essa matéria do jornal, que traz o relatório produzido pelos órgãos do capitalismo, não deixa nenhuma dúvida de que *O fim da História* e o *Último homem* não passou de um mito propagandeado pelo apologista. Afinal, o antagonismo de classes permanece a todo vapor e o modelo neoliberal não resolveu os problemas elementares da sociedade; pelo contrário, aprofundou-os ainda mais.

Em suma, este livro tentará demonstrar a importância de uma revolução socialista para o mundo, especificamente para o Brasil, na qual trataremos sobre os impactos no movimento operário e no cenário político, como na Câmara dos Deputados Federais. Trazer essa reflexão histórica para os dias atuais é fazer aquilo que o filósofo Walter Benjamin nas suas famosas teses sobre o conceito da história:

> O dom de despertar no passado as centelhas da esperança é privilégio exclusivo do historiador convencido de que também os mortos não estarão se o inimigo vencer. Esse inimigo não tem cessado de vencer (Benjamin, 1993, p. 224).

1.1 Balanço historiográfico

No primeiro capítulo, como trataremos da Revolução Russa e de seus primeiros impactos no mundo, apresentaremos algumas obras que abordaram sistematicamente o impacto da Revolução Bolchevique. *O Ocidente Diante da Revolução Soviética: A História e seus Mitos (1984),* d e Marc Ferro, faz uma radiografia do mundo após a Revolução Russa e a reação do ocidente em relação a ela. No entanto, apesar de o autor reconhecer algumas tentativas de revolução influenciadas por Outubro na Rússia, ele subestima esse impacto, que, segundo Ferro, não passou de um mito propagandeado pelos bolcheviques anos depois. Discordamos dessa tese de Ferro, pois, como iremos demonstrar ao longo desse texto, a Revolução Russa influenciou profundamente o imaginário operário.

O brasilianista russo Boris Koval, no livro *A grande Revolução de Outubro e a América Latina* (1980), faz, no primeiro capítulo, uma análise das estruturas socioeconômicas da formação da América latina e dos movimentos operários e populares, abordando suas especificidades devido à formação étnica da região. Nos capítulos posteriores, ele vai dissuadir acerca do imaginário operário diante da Revolução Russa e seus manifestos de apoio a ela.

Já no que se refere ao Brasil, temos o clássico sobre a Revolução Russa e o Brasil. Trata-se do livro do Moniz Bandeira, *O Ano Vermelho: A Revolução Russa e Seus Reflexos no País* (1980), o qual aborda algumas questões que serão discutidas neste livro. Essa obra analisa os acontecimentos revolucionários no cenário político brasileiro em vários âmbitos, dando maior importância à recepção da Revolução no seio da classe operária brasileira e aos desdobramentos nas suas futuras configurações, como a tentativa de criação de um partido anarco-comunista e, posteriormente, a formação de um partido comunista, com larga influência dos eventos revolucionários.

O livro tem um capítulo sobre a imagem que a imprensa brasileira transmitiu do levante bolchevique, na qual apresentava uma imagem bastante negativa aos leitores brasileiros

Vale ressaltar que, no capítulo intitulado "Os Sovietes no Rio de Janeiro", Bandeira (1980) tangencia a questão a ser desenvolvida ao longo desse livro. O livro mostra, por meio dos editoriais dos grandes jornais, a voz dos deputados que defendem uma legislação social em detrimento das ondas revolucionárias que eclodiram na Rússia.

Outro texto que trata da repercussão da Revolução Russa é a dissertação de mestrado de Frederico Duarte Bartz, intitulada *O horizonte vermelho: o impacto da Revolução Russa no movimento operário do Rio Grande do Sul entre 1917 a 1920*. Como o título já deixa explícito, Bartz (2008) mostra como o movimento operário gaúcho reagiu ao levante bolchevique, por meio dos sindicatos e associações operárias. O historiador traz uma gama enorme de documentos produzidos pelos militantes gaúchos. Em suma, a dissertação mostra como o movimento operário gaúcho recepcionou as ideias advindas do Leste Europeu, visto que a repercussão não se deu de forma mecânica e direta.

Já sobre o movimento operário, traremos alguns livros que analisam a repercussão da Revolução Russa do movimento operário nacional. O primeiro foi o livro *Anarquistas e Comunistas no Brasil (1900-1935)* (1973), de John W. Foster Dulles, que trata do movimento operário brasileiro na Primeira República. Dulles defende a tese de que, com a Revolução Russa, as greves posteriores no Brasil assumiram ares revolucionários, mostrando que o levante do Leste Europeu abriu uma perspectiva de tomada do Estado na mentalidade das lideranças do movimento operário brasileiro. Isso ficou explícito para o autor com a greve insurrecional de 1918.

O livro de Dulles é importante devido à descrição do panorama das greves de 1917 e de 1918 e do "salto político" que elas tiveram em relação ao processo revolucionário russo, trazendo outra perspectiva de luta: a greve sediciosa. Esta obra é de suma importância, pois, além de trazer a formação da atividade anarquista e comunista no Brasil, é bem documentada e traz uma ampla variedade de fontes sobre o movimento operário.

No texto intitulado "Proletariado industrial na Primeira República", presente no *Brasil republicano III: sociedade e instituições* (1889-1930), Paulo Sérgio Pinheiro (1977) converge com os autores citados, argumentado que houve uma guinada de posição política em relação às greves contra carestia (1917-1920). Porém, ele discorda de como se constitui a classe operária genuinamente brasileira. Ele afirma que a imigração estrangeira não representava a classe operária brasileira em sua essência. Essa visão é bastante contestada, uma vez que os anarquistas oriundos dos países europeus, como italianos e espanhóis, estavam restritos ao estado de São Paulo e não atuavam no movimento operário de outros estados brasileiros.

Trazendo um debate mais recente sobre a formação da classe operária, mais especificamente no Rio de Janeiro, o livro, *Escravizados e livres: experiências comuns na formação da classe trabalhadora carioca*, de Marcelo Badaró Mattos, analisa como se engendrou uma consciência de classe a partir do contato entre trabalhadores livres escravizados no final do regime monárquico brasileiro. O livro faz um contraponto à literatura tradicional sobre o movimento operário, a qual consagrava que uma consciência de classe só foi possível devido à imigração de mão de obra estrangeira, que veio trabalhar na lavoura de café. Nesse sentido, essa obra nos dá outra perspectiva, mostrando que os ex-escravos também foram importantes para a formação de associações de classe, como sindicatos e até partidos. No entanto, mesmo que o recorte temporal seja anterior ao deste texto, a obra é de suma importância por trazer os ex-escravos como sujeitos ativos na formação da classe trabalhadora, por meio das experiências comuns com os trabalhadores livres.

Outra obra que será a base para este livro é a obra *Trabalho urbano e conflito social (1890-1920)* (1976), do historiador Boris Fausto. Neste trabalho ele faz um apanhado histórico bastante rico sobre os conflitos urbanos dentro do cenário de pequena industrialização no Brasil, dando maior ênfase no Rio de Janeiro e São Paulo. Essa obra é importante devido à análise das macroestruturas econômicas, derivadas dos primeiros indícios de industrialização de bens de consumo na Primeira República. Segundo Fausto (1976), começou a se formar um operariado fabril muito dependente do setor agroexportador de café em São Paulo. Ele também lembra que, nesse período, não existia uma industrialização concentrada com grandes complexos industriais, mas sim médias empresas e até oficinas artesanais.

Outro ponto a ser ressaltado neste livro do Fausto é o debate que ele traça sobre a relevância dos "trabalhistas" no Rio de Janeiro. Essas correntes não tinham nenhum anseio revolucionário, mas sim uma perspectiva de colaboração de classe, que foi a base eleitoral do Maurício de Lacerda na campanha para deputado federal. Assim, o resgate desse movimento operário é de suma relevância, uma vez que os "trabalhistas" são muito marginalizados na historiografia do movimento operário. Outro ponto de interlocução com esta obra refere-se à legislação operária, trazida para a ordem do dia naquela conjuntura de agitação social e uma acirrada luta de classes entre 1917 a 1920, quando o debate chegou ao Congresso com o projeto de lei chamado Código do Trabalho.

Outra obra fundamental para a construção do terceiro capítulo deste livro é o texto *Burguesia e Trabalho: Política e Legislação Social no Brasil, 1917-1937*, de Ângela Maria de Castro Gomes. Esta obra analisa o debate da primeira tentativa de legislação operária naquela conjuntura, mostrando como a discussão se pautou no Congresso Nacional e os embates entre duas correntes ideológicas favoráveis e contrárias à legislação: especificamente duas: o trabalhismo carioca, representado por Maurício de Lacerda e Nicanor Nascimento, que defendiam a concessão do capital ao trabalho; e, por outro lado, a bancada gaúcha, liderada por Borges de Medeiros, governador do Rio Grande do Sul, que, em nome do positivismo e da ordem liberal, rechaçava o projeto. Uma ala da burguesia, mais especificamente a industrial, foi bastante ativa no debate em torno da legislação social, intervindo para que fosse aprovada, mas com várias ressalvas, ou seja, que vários itens fossem retirados do projeto do código. Entretanto, a autora defende que essa discussão só foi colocada em pauta a partir de 1917 devido ao alto grau de mobilização da classe trabalhadora. Já os fatores externos que possibilitaram que a questão operária fosse recolocada em cena na política brasileira foram as consequências desastrosas da Primeira Guerra Mundial para a classe trabalhadora.

Assim, ao trabalhar a questão da legislação operária durante 1917 a 1920 neste livro, colocaremos em evidencia o elemento externo da Revolução que impactou a sociedade brasileira, reacendendo a discussão no seio da burguesia pela necessidade de aprovar uma legislação para proteger a classe trabalhadora, com o objetivo de amortecer a ideia da revolução social no Brasil. Essas duas últimas bibliografias citadas não fazem esse debate sob o escopo da Revolução de Outubro.

Foi por opção nossa trazer somente essas obras sobre o movimento operário, pois há uma vasta literatura que trata dessa temática. No entanto, por questão de espaço nesta introdução, só debatemos algumas que consideramos essenciais para o desenvolvimento desse texto. Todavia, iremos trazer outras referências bibliográficas quando debateremos a questão do movimento operário diante da Revolução Russa, além das análises de documentos primários e das memórias dos militantes da época.

É nessa perspectiva que iremos nos guiar ao longo desse livro, demonstrando como o impacto da Revolução Russa influenciou o ideário dos sujeitos históricos, como os operários e suas entidades de classe, ao recepcionarem um evento tão significativo que foi a Revolução de Outubro. Esse novo horizonte para os trabalhadores condicionou uma nova forma de ação política, com o levante ocorrido na Rússia servindo como um ponto referência concreto de uma sociedade socialista. Isso influenciou o imaginário dos movimentos operários a tal ponto de tentarem promover levantes semelhantes ao que ocorreu na Rússia (sabemos que, no Brasil, as condições objetivas não estavam prontas), o que possibilitou alguma ressonância no Congresso Nacional. Isso abriu a possibilidade para que vários deputados oriundos desse meio operário propusessem uma legislação social para os desprovidos de quaisquer direitos, resultando na aprovação de um artigo do projeto do *Código do Trabalho*. Portanto, não perderemos de vista as condições objetivas às quais os sujeitos históricos estão condicionados. Ao analisar o impacto da Revolução Russa na classe operária e no Parlamento brasileiro, usaremos os pressupostos do materialismo histórico e dialético de Karl Marx e Engels.

Dentre as fontes utilizadas para a confecção deste texto, os principais jornais formadores de opinião da república velha, na qual estavam umbilicalmente com a ordem social estabelecida: capitalismo. Alguns grandes jornais como *O País, O Imparcial, Correio da Manhã, Estado de São Paulo, Diário de Pernambuco, A Noite*, entre outros. Portanto; análise dos jornais como documentos primários vai além da extração de informação, mas sim de uma análise aprofundada da linha editorial e seus discursos (Lucca, 2008, p. 140). Entendemos que esses grandes jornais desenvolvem uma função de partido na concepção de Gramsci, pois ao exercer uma hegemonia (direção moral, cultural, política e moral) sobre as demais classes, cria um consenso sob o projeto político e econômico de uma determinada elite. Conforme Gramsci sobre esse tipo de partido: "essa função pode ser estudada com maior precisão se se parte do ponto de vista de um jornal (ou um grupo de revista) são também 'partidos' ou 'frações de partido' ou 'função determinada de partidos'" (1981, p. 211).

Essa grande imprensa e seus respectivos editoriais tinham, e ainda têm, como projeto uma sociedade baseada no modo de produção capitalista, como argumenta Sodré (1977, p. 1): "mas há, ainda, um traço ostensivo, que comprova a estreita ligação entre o desenvolvimento da imprensa da sociedade capitalista, aquele acompanhando a este numa ligação dialética e não simplesmente mecânica".

Para facilitar a leitura deste livro, optamos em atualizar a grafia das fontes primárias que serão trabalhadas neste texto, pois acreditamos ser melhor para o entendimento dos jornais e das falas dos deputados nos anais do Congresso.

Portanto, a análise desses jornais, nos anos de 1917 à 1920, nos deu subsídios para viabilizar a pesquisa no que tange à relação entre a Revolução Russa, o movimento operário e os assombros da classe dominante brasileira. Outro aspecto a ser analisado, usando as referidas fontes, diz respeito ao chamado Código do Trabalho, o qual se propunha a ser uma defesa das concessões aos trabalhadores para amortecer os elementos revolucionários do movimento operário brasileiro.

A documentação produzida pela classe operária frente à Revolução Russa e seus desdobramentos no Brasil são basicamente duas. A primeira são os periódicos operários que trabalhamos neste livro; sua circulação foi menor em relação à grande imprensa da época. Isso porque, com a entrada do Brasil na Primeira Guerra Mundial, o governo declarou estado de sítio e reprimiu intensamente o movimento operário e seus respectivos jornais; por essa razão, em 1917, poucas edições foram publicadas. Ao fim da guerra, os jornais voltaram a circular, e veremos o quanto o levante operário na Rússia influenciou o o imaginário dos trabalhadores organizados em suas entidades classistas, independente das filiações teóricas das lideranças operárias, que eram, em sua grande maioria, anarquistas, seguidos por trabalhistas (principalmente no Rio de Janeiro) e marxistas. Entre essas fontes operárias, consultamos três livros que são compilações de documentos referentes ao movimento operário. Esses documentos contêm atas de reuniões de entidades, jornais operários, cartas de militantes, resoluções de congresso operários entre outros. Esses documentos então reunidos nos respectivos livros de Edgard Corone, *O Movimento Operário no Brasil (1877-1944);* e nos dois volumes de *A Classe Operária no Brasil*, dos historiadores Paulo Sérgio Pinheiro e Michael Hall. A documentação contida nesses três volumes foi utilizada no segundo capítulo desse livro, além de outros documentos.

A segunda fonte são as memórias dos militantes que viveram aquele período, de 1917 a 1920. Essas memórias são de Astrojildo Pereira, Everardo Dias, Octávio Brandão e Edgar Leuenroth, que anos depois refletiram sobre a conjuntura de 1917 a 1920, frente à Revolução Socialista no Leste Europeu e suas respectivas concepções de luta após a vitória dos bolcheviques. No entanto, essas memórias, produzidas anos depois por esses militantes, são filtradas, pois acreditamos que o contexto sócio-político em que foram escritas possibilita que a memória seja permeada por mudanças de posição: o que defendiam no passado pode ter se alterado no momento da escrita da memória houvesse mudanças. Em suma, temos esse cuidado ao retratar esses escritos memorialistas.

Outra fonte analisada foi o livro do deputado Maurício de Lacerda (1980). Trata-se de um verdadeiro documento, no qual o autor analisa a evolução dos direitos sociais no Brasil. O livro se chama *Evolução Legislativa Do Direito Social Brasileiro*. Essa brochura ajuda a compreender as origens da elaboração das primeiras leis trabalhistas que tramitaram no Congresso, mas que nunca foram levadas a sério e nem pautadas pelo Executivo. Porém, a deterioração da vida material dos trabalhadores ocasionou uma greve geral nunca antes vista no Brasil. Somando-se à Grande Guerra Mundial e à Revolução Russa (este último aspecto fez mudar o conceito de luta das lideranças operárias no Brasil, como já mencionamos), surgiu a urgência de debater a questão da intervenção do Estado na criação de leis de proteção aos trabalhadores na Câmara dos Deputados. Os anais da Câmara dos Deputados foram fontes importantes para o objetivo deste livro, uma vez que colocaram em evidência a questão operária no Parlamento, mostrando os debates em torno do Código do Trabalho. Todos esses documentos parlamentares estão digitalizados na Hemeroteca Digital.

Por último, e não menos importante, o levantamento da bibliografia especializada, tanto no movimento operário da República Velha quanto sobre o impacto da Revolução Russa no mundo e no Brasil, como citamos acima.

Este livro está dividido em três capítulos. O primeiro deles é *Alternativa ao Capitalismo*. De forma sintética, debatemos o processo revolucionário na Rússia, no qual tentamos mostrar como o desenvolvimento desigual e combinado do capitalismo na Rússia fomentou as contradições de classes no período da Rússia czarista. Com a entrada da Rússia na Primeira Guerra Mundial, essas contradições se intensificaram, até culminar no grande protesto iniciado pelas mulheres, que ocasionou a Queda do Czar. O período de fevereiro a outubro na Rússia foi de intensa agitação operária, em que a luta de classes se acirrou de tal maneira que as elites perderam a hegemonia sobre a classe subalterna. A entrada em cena dos bolcheviques elevou a agitação a patamares ainda maiores, a ponto de defenderem um programa ousado para a aquele momento: o rompimento com o capitalismo e a implantação do socialismo. No mesmo capítulo, discuto de forma sucinta o impacto que o movimento operário sofreu com os ecos advindos da Rússia, a ponto de muitos países tentarem uma revolução socialista ao modelo bolchevique. Passando para América Latina, que não foi diferente da Europa, o movimento operário via na Revolução de Outubro o início da revolução mundial, à medida que, em muitos desses países, houve várias greves e insurreições.

O segundo capítulo, *O Movimento Operário Brasileiro e o Processo da Revolução Russa*, começa discutindo as determinantes estruturais nas quais o Brasil está inserido, ou seja, o capitalismo liberal e sua lógica na divisão internacional do trabalho. Posteriormente, mostro o debate de como foram a ressonâncias das primeiras notícias da Revolução Russa na sociedade brasileira, por meio dos grandes jornais, que teve no primeiro momento (março no Brasil) uma simpatia. No entanto, quando o processo se radicalizou e os bolcheviques assumiram o governo, a Revolução passou a ser denunciada e amaldiçoada.

Passo a discutir a formação da classe trabalhadora brasileira e seus elementos étnicos, desde os imigrantes estrangeiros até os negros recém libertos, estabelecendo um nexo sobre como esse intercâmbio cultural foi importante para a formação da consciência de classe. Depois, relato como era a situação da classe trabalhadora nos primeiros anos da década de 1910 e também como isso foi preponderante para iniciar um processo de greve geral no país, pois a situação era de extrema miséria para os trabalhadores e, por outro lado, havia total desamparo por parte do Estado brasileiro.

No próximo momento do capítulo, discutimos como três militantes históricos com enraizamento na classe trabalhadora receberam o impacto da Revolução em sua prática militante e em sua teoria. Também há um debate neste capítulo de como as entidades de classe (sindicatos, clubes e associações de classe) enxergaram Outubro e como agiram a partir desse evento fundante ocorrido na Rússia. O último momento, foi feito uma pequena discussão sobre a tentativa frustrada de uma vanguarda operária de no Rio de Janeiro de tomar o poder e implantar um modelo igual ao russo.

O terceiro e último capítulo *Do Temor* à *Revolução à Solução da Mesma: Acende Debate Sobre a Legislação Social na Política Brasileira*, analisa como o advento da Revolução Russa trouxe para o mundo o debate da emergência de uma legislação trabalhista para atender os anseios da classe trabalhadora, objetivando que ela não fosse seduzida pelas teses do movimento operário revolucionário. Posteriormente, trago esse debate para a realidade brasileira, pois parte da elite brasileira também estava preocupada com a efervescência revolucionária que advinha da Europa. Com isso, começam a defender, por meio dos grandes jornais brasileiros, uma legislação social para o país, com o intuito de "proteger" os trabalhadores da influencias dos *sovietes*. Assim, mostramos como os grandes jornais conservadores, que outrora nunca defenderam a intervenção do Estado na relação com o mercado de trabalho, passaram a defendê-la naquela conjuntura devido ao perigo eminente. Neste capitulo, está incluído o percurso e atuação de três deputados que defendiam a legislação trabalhista, mostrando como cada parlamentar atuou sob suas respectivas orientações ideológicas e suas estratégias para aprovação destas leis que atendesse à classe trabalhadora, são eles: Maurício de Lacerda, Nicanor Nascimento e Andrade de Bezerra.

Para finalizar o capítulo, mostramos os embates políticos na Câmara dos Deputados acerca da aprovação ou não do Código do Trabalho. No entanto, esses debates eram sempre lembrados pelos os parlamentares que queriam que este projeto fosse aprovado, os quais usavam o argumento do perigo revolucionário representado pelo exemplo concreto russo. Neste sentido, o terceiro capítulo foi para demonstrar que o principal fator externo que fomentou um debate nacional em torno da legislação trabalhista foi a Revolução Russa e seus impactos no mundo.

1

ALTERNATIVA REAL AO CAPITALISMO

1.1 O processo revolucionário de 1917

Gramsci ao se referir à Rússia como oriente, na qual o "Estado era tudo, e a sociedade civil era primitiva e gelatinosa" (Gramsci, 1976 *apud* Anderson, 2002, p. 20) não estava exagerando, pois a Rússia foi o Estado absolutista mais poderoso da Europa[2] com a maior duração (mais de trezentos anos), e não passou pelo mesmo processo do Ocidente. Nessa região, todas as monarquias absolutistas caíram; porém, na Rússia czarista, o regime permaneceu intacto até 1917, quando a revolução socialista de Outubro (novembro no calendário ocidental) triunfou, queimando a etapa capitalista e suas forças produtivas. Foi, então, em meio a todas as contradições internas históricas que o povo derrubou o Estado mais opressor das classes subalternas na Europa.

A Rússia, ao abolir a servidão e suas formas mais arcaicas, tinha como objetivo se igualar ao Ocidente no aspecto econômico e cultural (embora não tenha alcançado os objetivos almejados de elevar o capitalismo a formas mais avançadas e também desenvolver a cultura), mas sem perder o controle da máquina política e seus órgãos burocráticos e administrativos. Todavia, a introdução do capitalismo não se deu de forma

---

[2] As razões pelas quais o Estado absolutista da Rússia permaneceu por tanto tempo e vigoroso na sua dominação foi pelo seu processo de centralização do Estado e a implementação da servidão. Como o território russo é vasto e estava havendo uma fuga muito intensa dos camponeses das terras senhoriais, por motivos diversos, as autoridades decidiram criar uma máquina estatal com os aparelhos coercitivos fortes e atuantes (exército e polícia) para reprimir os camponeses e realocá-los, garantindo a produção da aristocracia rural. Se a aristocracia não tomasse essas medidas de centralizar o poder, correria o risco de a própria classe desaparecer, uma vez que essa classe estava ligada à propriedade da terra. Outro elemento que fez o absolutismo russo permanecer por mais tempo do que os das demais da Europa foi a obstrução de qualquer comércio e serviços ligados às cidades, ao contrário do que ocorreu na Europa Ocidental. Isso atrofiou uma suposta burguesia que não floresceu na Rússia, e retardou o processo de uma revolução burguesa. Para melhor conhecer a natureza do *Estado feudal na Rússia*, ver ANDERSON, Perry. *Linhagens do Estado absolutista*. São Paulo: Brasiliense, 1995. p. 328-361.

clássica nem pela via prussiana[3], mas sim pelo Estado, e sem a presença da classe burguesa. Como já foi dito na nota de número1, a burguesia era quase inexistente, pois não havia atividades historicamente ligadas a ela como comércio, atividade bancária e industrial, ou manufatura. O Estado, para financiar a industrialização na Rússia, importou empréstimos dos bancos capitalistas da França e da Inglaterra; porém, esses empréstimos eram concedidos com juros exorbitantes, que a máquina do czar teria que pagar religiosamente. Para pagar esses montantes, o Estado russo taxava de forma elevada os camponeses pobres (a principal atividade econômica era ligado ao campo) e aqueles que trabalhavam em terras arrendadas da nobreza feudal. Com isso, houve uma distorção no próprio desenvolvimento do capitalismo na Rússia, dado que essa taxação dos camponeses e arrendatários fez com que eles não tivessem os chamados excedentes na sua produção, os quais poderiam alimentar um mercado interno e alavancar a indústria nascente da Rússia, uma vez que oitenta por cento das pessoas vivia no campo.

Apesar da abolição jurídica que libertou os camponeses das amarras da servidão, ainda persistiam alguns traços marcantes de sua forma de empreender economicamente: "nos grandes latifúndios, predomina o cultivo em pequena escala agrícola baseada na servidão e na vinculação" (Lênin, 1983, p. 123). Pois bem, a servidão à qual Lênin se refere consiste nas obrigações da terra que prendiam muitos camponeses, os quais, apesar de libertos de quaisquer amarras, ainda não estavam livres. Não estavam livres. As dívidas que os camponeses tinham com a nobreza das terras não foram perdoadas e, por isso, em algumas regiões do império czarista, persistia a vassalagem.

Todavia, as reformas que os Ramanovs empreenderam para implantar o capitalismo tiveram diversas contradições, mas deram alguns resultados esperados: o capitalismo na Rússia floresceu, mesmo com as condições sócio-históricas desfavoráveis. Em algumas regiões, o território

---

[3] A primeira foi por meio das revoluções burguesas desde o século 16, essa classe ganhou musculatura com o desenvolvimento do comércio, e, posteriormente, entrou em rota de colisão com as monarquias feudais, que posteriormente foram derrubadas nos processos revolucionários, estabelecendo uma nova ordem burguesa de dominação nos âmbitos político, cultural e econômico. Para melhor conhecer, ver HOBSBAWM. Eric. *A era das revoluções (1789-1948)*. São Paulo: Paz e terra, 2012. Por outro lado, na via prussiana, que ocorreu na atual Alemanha, que foi uma forma de se obter por alto, sem enfrentamento entre a burguesia e a aristocracia de terra, e sim uma união com a burguesia, ou seja, a união dos setores mais reacionários com a burguesia com objetivo de engendrar um projeto capitalista.

russo alcançou um desenvolvimento capitalista análogo aos dos países burgueses e passou por um processo de industrialização rápida e acelerada:

> No ano de 1914, as pequenas indústrias com menos de cem operários representavam nos Estados Unidos 35% do efetivo do efetivo total de operários industriais, ao passo que na Rússia esta percentagem era só de 17,8%. As indústrias médias e grandes, com total de cem mil operários, representavam um peso específico aproximadamente igual; os centros fabris gigantesco que davam emprego a mais importantes, esta porcentagem era ainda mais elevada: a zona de Petrogrado era 44,4%; do capital de ações investido na Rússia na de Moscou, de 57,3%. Chegamos a resultados idênticos comparado a indústria russa com a inglesa ou alemã (Trotsky, 2007a, p. 25).

Essa dialética entre os elementos mais atrasados da sociedade do ponto de vista cultural, com um modo de produção ainda elementar e feudal, combinado aos elementos mais desenvolvidos da indústria pesada – que emprega tecnologia de ponta, produz bens de capital e concentra-se geograficamente em poucas cidades e operários nas indústrias da Rússia – levou Leon Trotsky (2007a) a formular a teoria da lei do desenvolvimento desigual e combinado, na qual o processo de implantação do capitalismo não pode ser pleno devido às condições históricas. O caso russo é emblemático: posto que as relações feudais terminaram no século 19 tardiamente, e não houve um nascimento de uma burguesia suficientemente forte para enfrentar o Estado feudal, como aconteceu em alguns países do ocidente pela via clássica ou prussiana, mas sim combinado com os elementos mais retrógrados da sociedade, ou seja, uma junção que se retroalimenta:

> As leis da história não têm nada em comum com esquematismo pedantesco. O desenvolvimento desigual, que é a lei mais geral do processo histórico, não se revela, em nenhuma parte, com maior evidência e complexidade do que nos destinos dos países atrasados. Açoitados pelo chicote das necessidades materiais, os países atrasados se vêem obrigados a avançar aos saltos. Desta lei universal do desenvolvimento desigual da cultura decorre outra que, por falta de nome mais adequado, chamaremos de lei do desenvolvimento combinado, aludindo à aproximação das distintas etapas do caminho e à confusão de distintas fases, ao amálgama de formas arcaicas e modernas. Sem recorrer a esta lei, enfocada, naturalmente, na integridade

de seu conteúdo material e, seria impossível compreender a história da Rússia, nem a de nenhum outro país avançado cultural atrasado, seja em segundo, terceiro grau (Trotsky, 2007a, p. 21).

As reformas econômicas da monarquia russa não desenvolveram um capitalismo por via "clássica" de ruptura com o antigo regime, que foi substituído pelo Estado absolutista, chefiado pelos czares. Todavia, por motivos óbvios, a monarquia não abriu mão do poder político, dominado pela nobreza feudal representada pela dinastia Romanov, e era considerado o Estado mais policial da Europa, que não tolerava nenhuma oposição[4]. Assim, a máquina estatal e seus órgãos de repressão (polícia e exército) monitoravam as supostas oposições, como também a Igreja Ortodoxa Russa, que, além de desempenhar um papel de alienação religiosa sobre o povo, também era subordinada ao Estado por meio de um departamento chamado Santo *Sínodo,* cuja chefe era nomeado pelos czares. Ou seja, os padres eram funcionários públicos e deviam lealdade ao governo, a ponto de as "confissões perigosas" dos fiéis serem assuntos de Estado e não do âmbito privado. Portanto, a monarquia czarista não só fez da Igreja sua parceira na dominação da população, mas também a colocou sob o tacão do Estado. Algo similar não ocorreu com a ascensão do absolutismo no Ocidente, onde a Igreja Católica Romana era parceira do Estado, mas não subordinada a ele, como sucedeu na Rússia.

Por mais eficiente que fosse, o serviço de espionagem czarista não identificaria, e muito menos conseguiria barrar, as jornadas de revoltas e protestos contra a opressão no campo, relacionadas aos latifundiários e suas relações remetidas ao feudalismo, somadas à carga tributária imposta pela burocracia estatal; nem a exploração dos operários[5] nas "ilhas" industriais existentes em algumas cidades da Rússia, sobretudo em São Petersburgo e Moscou. Não conseguiu barrar o curso de muitas

---

[4] Apesar do predomínio do absolutista no controle da sociedade, não deixaram de haver sublevações contra os sucessivos governos dos czares, várias revoltas camponesas contra a opressão do Estado na qual esse mesmo atendia os interesses da nobreza de terras e que no século 19 houve diversas revoltas, mas foram brutalmente reprimidas e a oposição dizimada. Ver, REIS FILHO, Daniel Araão. *Uma revolução perdida:* a história do socialismo soviético. *São Paulo:* Fundação Perseu Abramo, 2002. p. 21-49.

[5] No processo de implantação do capitalismo na Rússia, que caracterizou por ser *desigual e combinado* (Trotsky, 2007a), a principal atividade estava em sua totalidade no campo, com uma forte presença de setores não capitalistas, e sim com fortes traços de relações feudais. Porém, nas cidades onde havia os setores mais modernizantes da economia, formou-se uma classe operária e um exército de desempregados, perambulando por essas cidades, sem emprego. Esse excesso de trabalhadores sem emprego tinha a função de depreciar os salários, fazendo que os ganhos da mais-valia fossem bem mais vantajosos para os capitalistas.

revoltas que ocorreram no início do século XX. "O ano de 1902 foi marcado por agitações no campo. Aldeias inteiras foram açoitadas e fuziladas. A imponente greve de massas Rastov, à margem do Don, foi a revelação do poderio operário" (Serge, 2007, p. 56).

A revolta que abalou o poder da classe dominante ocorreu em janeiro de 1905, com a reivindicação dos trabalhadores urbanos e camponeses, numa manifestação pacífica, caminhando ao palácio de inverno para pedir ao czar que atendesse os seus anseios mais básicos. Com arrogância e prepotência, Nicolau II, em vez de dialogar, mandou as tropas reprimir com selvageria a população faminta, que pedia complacência e sensibilidade para sua situação de miséria crônica. O "paizinho" (como os súditos chamavam os czares) massacrou com toda a selvageria a população faminta, e esse episódio ficou conhecido como o "Domingo Sangrento". Daquele momento em diante a monarquia perdeu o encanto diante da população.

A partir daí, ocorreram várias revoltas no campo e na cidade, além de uma insatisfação por parte de uma classe média liberal, embora esta última fosse pequena e débil. Em resposta, a monarquia feudal viu a necessidade de fazer algumas concessões, convocando uma assembleia para a criação da *Duma* (parlamento em russo). Entretanto, esse parlamento era só consultivo e não tinha poder de deliberação; além disso, era bastante limitado tanto na representação popular como também no número de eleitores:

> Cada grande proprietário seria eleitor; no entanto cada dez pequenos proprietários elegiam apenas um de sua cúria. Nas cidades, somente a burguesia tinha direito ao voto, os operários estavam excluídos. Os intelectuais (acima de 1.300 rublos de aluguel por ano) votavam. São Petersburgo teve 9.500 eleitores numa população de 1,5 milhões de pessoas. A burguesia procurou satisfazer-se do simulacro de parlamento (Serge, 2007, p. 60).

Mesmo com todos esses limites citados, a *Duma* era dissolvida pelo czar sempre que ele e a classe que representava assim desejassem. Todavia, o grande resultado desse ensaio geral da revolução russa não foi a criação de um parlamento que alimentou as esperanças de uma pequena burguesia, bastante fraca[6], mas sim o desencanto que os despossuídos

---

[6] Com o processo de implantação do capitalismo na Rússia, a classe burguesa não tinha força o suficiente para fazer frente à monarquia feudal, e por isso ela se satisfazia com as migalhas, uma vez que os meios de produção capitalistas estavam nas mãos da burguesia estrangeira.

passaram a ter em relação Nicolau II e sua burocracia. Assim, começou a surgir o germe de uma sociedade civil, com o aparecimento de entidades de classe, como partidos operários organizados organicamente com a classe, assim como a imprensa e os sindicatos operários.

Foi com o surgimento dos *sovietes*[7] que os trabalhadores se organizaram para lutar contra o antigo regime e, posteriormente, contra o governo provisório. Essa organização de classe poderosa, contudo, não derrubou o Governo em 1905, nem equilibrou o Estado em relação à sociedade civil, como ocorreu no "Ocidente", segundo Gramsci (2004). Entretanto, os *sovietes,* em aliança com diversos partidos de esquerda e entidades operárias, fizeram o edifício feudal, montado por mais de trezentos anos, se diluir em fevereiro (março no calendário cristão) de 1917.

A situação de miserabilidade dos trabalhadores se intensificou com a eclosão da Primeira Guerra Mundial (1914-1918) e com a entrada da Rússia[8] no conflito. Os maus tratos aos soldados, aliado à crise econômica que assolou o país, colocaram ainda mais combustível na luta de classes. Além disso, a carnificina produzida pela guerra vitimou mais russos que qualquer outro país: "aproximadamente dois milhões e meios de mortos, ou 40% de todas as perdas dos exércitos da Entente" (Trotsky, 2007b, p. 37). A composição socioeconômica desses soldados que estavam morrendo durante a guerra era, quase em sua totalidade de camponeses pobres e operários. Para piorar a situação na fronte de batalha, os soldados eram mal instruídos e enfrentavam uma inferioridade bélica em relação aos alemães, com os quais se confrontavam.

Os anos posteriores a 1905 e antes da queda do czar foram de muita luta entre os subalternos contra o patronato, sobretudo em 1912 e 1916. Nesse período, a Rússia experimentou greves gerais que surpreenderam

---

[7] Esses "conselhos", tinham raízes nas experiências das comunidades aldeãs russas autogovernadas e surgiam como entidades políticas entre operários durante a revolução de 1905. Como assembleias de delegados diretamente eleitos conhecidos como trabalhadores organizados em todo a parte e apelam a seu senso de democracia, o termo "sovietes", ver HOBSBAWM, Eric. *Era extrema dos* extremos: o breve século XX 1914-1991. São Paulo: Companhia das letras, 2012.

[8] A entrada da Rússia na Primeira Guerra Mundial tem uma explicação básica: o país não tinha condições de galgar as colônias na África e Ásia, que foram as verdadeiras causas do choque imperialista que levou à eclosão do conflito bélico mundial. Contudo, o compromisso com os capitais estrangeiros, haja vista que a Rússia tomou emprestado dos bancos ingleses e franceses para financiar seu desenvolvimento capitalista (já discutido no corpo do texto), aprofundou seus laços com Entente. Mesmo depois da queda da monarquia feudal, o governo provisório não rompeu com a guerra, pois queria usá-la para combater o movimento operário e frear a revolução em nome do chauvinismo. Ver: TROTSKY, Leon. *História da Revolução Russa.* São Paulo: Sundermann, 2007a. Tomo 2, parte 2 e 3. p. 31-47.

o mundo pela sua expressividade[9]. Muitas das reivindicações que ocasionaram essas greves eram por direitos básicos, como redução da jornada de trabalho para oito horas, segurança no emprego, seguros sociais e eliminação de multas e maus-tratos.

Contudo, essa conjuntura levou a um grande movimento que ocorreu em 9 março (o dia internacional da mulher) em Petrogrado, cidade um alto índice de desenvolvimento industrial. A greve geral deixou o Czar impotente a ponto de enviar as suas forças policiais para reprimir a greve e não obteve êxito, ocorrendo o contrário, ou seja, os soldados foram prestar solidariedade aos operários, assim, nem mesmo o aparelho repressivo, que era conhecido pela sua eficiência, obedeceu às ordens do Czar. A única maneira de tentar preservar o poder foi renunciar ao poder, uma vez que a principal característica de dominação, a força, falhou, através do Estado-coerção e seus aparelhos repressivos (Gramsci, 1976).

Sendo assim, a queda da monarquia e seu representante maior não acalmou a situação da Rússia revolucionária entre fevereiro (março) a outubro (novembro). Entraram em cena, no xadrez político, os partidos políticos e suas respectivas imprensas para disputar o projeto político que substituiria a monarquia, entre eles o Partido de Direita Liberal[10], que tinha pouca inserção nas classes subalternas, mas tinha ligação orgânica com a pequena burguesia russa. Seu principal projeto político era conservar a monarquia, sob o jugo de uma constituição e um parlamento.

Quem dominou a cena de fato do processo revolucionário foram os partidos de esquerda, cada qual com suas concepções de caminhar com a Rússia rumo ao socialismo, porém o método era o mesmo: revolução por etapas, uma vez que as condições da Rússia imperavam o semifeudalismo, que deveria desenvolver as forças produtivas, com finalidade de levar o capitalismo, aliado com o desenvolvimento democrático, com sufrágio universal e instituições republicanas com parlamento, típicas da Europa ocidental. Assim, a Rússia chegaria às condições objetivas para, enfim, galgar o socialismo. O maior representante desta tese são os *mencheviques* que tinham uma inserção no operário fabril e nos *sovietes* de várias cidades dos distritos industriais da Rússia.

---

[9] Uma boa análise panorâmica das greves gerais na Rússia, ver: MURPHY, Kevin. O movimento grevista pré-revolucionário na Rússia (1912-1916). *Revista outubro*, São Paulo, n. 21, p. 124-141, jul./dez. 2013.

[10] Esse partido se chamava *Kadetes*, e tinha como liderança Milyukov que chegou a ser ministro no governo provisório.

Já o Partido Socialista Revolucionário era um grupo oriundo da Narondniki[11], que não reivindicava a base teórica marxista. Tinha uma ligação orgânica muito forte com os camponeses pobres, por justamente defender um socialismo agrário. Em termos numéricos, teve a maior base de trabalhadores (especialmente camponeses) entre os partidos de esquerda. Esse partido se dividiu em duas alas dentro daquela conjuntura: a ala direita, majoritária, que compôs o governo de coalizão liderado pelo advogado Kerensky, e a ala esquerda, que era minoritária.

Os mais radicais dentro do processo revolucionário estavam divididos em dois grupos. O primeiro era o Partido Bolchevique, liderado por Lênin, um partido internacionalista e diferente dos partidos social-democratas da Europa, que defendiam a guerra (como os social-democratas alemães, que todos votaram no crédito da guerra, exceto Karl Liebknecht). Contudo, os bolcheviques fizeram questão de não apoiar a guerra sob nenhuma condição e lançar a tese da retirada imediata da Rússia do conflito. Tal partido tinha pouca ligação orgânica até julho.

O segundo elemento eram os anarquistas, que denunciavam aquela coalizão como um governo burguês, no qual os trabalhadores não tinham nada a ganhar. Nesse sentido, fizeram coro com os bolcheviques em relação ao caráter do governo provisório. Entretanto, algumas de suas lideranças também apoiaram a guerra mundial. Nomes ilustres, como o de Piotr Kropotkin, argumentaram que o movimento operário mundial iria desaparecer se os alemães ganhassem a guerra.

O cenário político e social abateu a Rússia com o operário cada vez mais insatisfeito com a exploração, sem direitos básicos atendidos, como também os camponeses que viam sem fim a exploração secular no campo. No entanto, não comoveram o governo provisório que tinha como pretensão maior a não retirada da guerra para não romper com o compromisso firmado pelo czar, além de desenvolver as forças produtivas, por meio de uma burguesia nacional e, posteriormente, fazer reformas a partir do parlamento russo *Duma,* que, no governo provisório, foi reaberto e teve suas funções reabilitadas. Em suma, todos esses partidos de esquerda (exceto o partido bolchevique, especialmente pôs-abril de 1917) estavam querendo a tão sonhada revolução burguesa para, enfim, levar ao socialismo.

---

[11] Era grupo ligado ao campo, que tinha rechaço mundo urbano, defendia uma espécie de socialismo agrário, advindo das antigas comunas. Esse grupo foi taxado em 1883 Plekhanov de populista no livro, *O socialismo e a luta política.*

A dinâmica da luta de classes estava em plena efervescência, sobretudo com a entrada dos bolcheviques em cena. A chegada de Lênin à estação Finlândia jogou uma "bomba" na conjuntura política social. Ao lançar as famosas *Teses de Abril* (Lênin, 1979), nas quais defendeu a retirada da Rússia da guerra, o confisco das terras dos latifúndios (ou seja, sua distribuição para os camponeses), a redução da jornada de trabalho dos operários e a entrega do controle da produção às suas mãos, Lênin rompeu com a tentativa de transformar a Rússia em um país capitalista e, por último, mas não menos importante, propôs a saída de seus correligionários do parlamento. Com esse programa, ele não só desagradou as elites do país, como também os partidos de esquerda que compunham a coalizão, além de membros de seu próprio partido[12].

Entretanto, Lênin vai além e defende uma revolução socialista naquele momento, mesmo contradizendo as teses de transição por etapas. Para o líder dos bolcheviques, a Rússia de fato não tinha as condições objetivas, ou seja, as condições materiais, para proporcionar o socialismo. Todavia, ele argumentava aos seus correligionários que o movimento operário estava em plena luta contra as suas respectivas burguesias. Assim, o elo mais fraco da corda deveria ser rompido na Rússia, por meio de uma revolução operária que desencadearia revoluções na Europa, sobretudo na Alemanha. Assim, esses países pós-revolução ajudariam a Rússia a sair do atraso econômico com uma relação de solidariedade.

A chegada do líder dos bolcheviques trouxe desconforto e incendiou ainda mais conjuntura de maio de 1917, posto que o governo provisório armou uma calúnia para incriminar Lênin e ter o respaldo para reprimir qualquer perigo revolucionário. O teor da calúnia foi acusar Lênin de ser agente do governo alemão, isto é, um espião infiltrado na Rússia. Essa calúnia fez desembocar uma série de perseguições aos bolcheviques, especialmente a Lênin, que teve de fugir (Trotsky, 2007b).

Mesmo com os bolcheviques "tirados" da cena política naquele momento, a situação não se acalmou, e os conflitos entre o governo e a população subalterna continuaram. No entanto, a burguesia, junto com

---

[12] Lênin ao se reunir com o partido apresentou as teses para os restantes dos bolcheviques para que assinassem o documento, pois muitos além de não assinarem acusaram Lênin de "insanidade" por defender aquelas "aventuras". Mesmo sendo o partido mais a esquerda naquele momento, os bolcheviques aderiam uma posição social-democrata, na qual precisava ter as condições objetivas para tais teses. Esse episódio contrasta com uma visão muito difundida que o partido bolchevique sempre foi coeso e com virtudes férreas para defende a revolução. Para melhor entender sobre o debate, ver: TROTSKY, Leon. *Lições de outubro e outros textos inéditos*. São Paulo: Sundermann, 2007b.

os latifundiários, tem uma "solução" para a "baderna" que se instaurou pós-queda do czar. A solução foi o patrocínio de uma tentativa de golpe militar em agosto, chefiado pelo General Kornilov[13], malsucedido pelo motivo de Kerensky reagir ao golpe, conclamando o povo a lutar. Isso permitiu que os bolcheviques fossem soltos e repatriados para, assim, liderar os trabalhadores em algumas cidades.

Essa vitória de Kerensky representou a sua derrota política, pois ele perdeu a legitimidade entre aqueles que faziam parte do governo de coalizão, visto que ele não tinha a confiança de seu próprio partido e se deixou influenciar por uma tentativa de golpe de um general odiado pelo povo russo. Além disso, os sovietes não enxergavam autoridade no governo de Kerensky. Assim, o partido que saiu com a maior influência na crise de agosto foi o dos bolcheviques, pois, além de serem requisitados para derrotar Kornilov, conseguiram dar uma direção revolucionária:

> O movimento teria muito provavelmente tomado direção se não fosse a insurreição de kornilov que obrigou os sovietes conciliadores a defenderem-se a si mesmos e permitiu aos bolcheviques insuflar de novo o espírito revolucionário nos sovietes, ligando-se estreitamente às massas por intermédio da sua esquerda, isto é, bolcheviques (Trotsky, 2007b, p. 109-110).

Foi nessa conjuntura de aprofundamento de crise que Lênin lança as palavras de ordem "pão, paz e terra", que sensibilizaram bem mais do que as promessas de democracia burguesa do governo provisório, visto que eram reivindicações históricas para os subalternos russos.

Com essas palavras simples, mas poderosas, os sovietes foram "bolchevizados", e o partido de Lênin tinha crescido assustadoramente, com uma inserção na classe trabalhadora que antes não possuía. A partir daí, as palavras de ordem continuam com um tom de radicalismo: "todo poder aos sovietes". Assim, essas palavras ecoaram pelos quatro cantos, uma vez que entre setembro e outubro havia uma dualidade de poderes na Rússia. De um lado, havia um simulacro de governo, onde nada mais funcionava, nem mesmo as forças repressivas, que estavam se dissolvendo naquele momento. Do outro lado, havia o poder dos soviéticos, legitimados por uma democracia de base que não confiava mais nos seus patrões e no governo de classe.

---

[13] Lavr Kornilov, general e filho de um soldado cossaco, recebeu de Kerensky a chefia do exército, com a missão de restabelecer a capacidade de luta efetiva contra os alemães na Primeira Guerra Mundial.

Contudo, ainda faltava a queda do simulacro de governo, e o partido decidiu, em 25 outubro (7 de novembro), pela tomada do Palácio de Inverno, com uma insurreição de massa, ou aquilo que Gramsci (2004) teorizou como um ataque frontal ou "guerra de movimento". Mas Lênin estava sempre preocupado como seria o método operante da tomada de poder aos seus correligionários:

> Para ter êxito, a insurreição deve apoiar-se não numa conspiração, não num partido, mas na classe na vanguarda. Isto em primeiro lugar. A insurreição deve apoiar-se no *ascenso revolucionário do povo*. Isso em segundo lugar. A insurreição deve apoiar-se naquele ponto de inflexão na história da revolução em crescimento em que atividade das fileiras avançadas do seja maior, em que sejam mais fortes vacilações nas fileiras dos inimigos e nas fileiras Dos amigos fracos, hesitantes e indecisos da revolução. Isto em terceiro lugar. Estas três condições da insurreição distinguem o *marxismo* do *blanquismo* (Lenin, 1917 *apud* Zizek, 2005, p. 125-126).

A bem sucedida investida dos bolcheviques no "assalto" ao poder teve grande ressonância no movimento operário mundial, com muitos levantes parecidos que, no entanto, não foram bem sucedidos. Entretanto, eles legaram uma esperança para milhões de trabalhadores ao redor do mundo, mas também atenção e angústia à burguesia mundial a partir de 1917.

1.2 A Revolução Russa e seus desdobramentos

Lênin tinha clareza de que a Rússia não estava pronta para uma revolução socialista, haja visto que, as forças produtivas não estavam desenvolvidas para transformar o país dos sovietes em um país socializado e sem propriedade privada dos meios de produção. Todavia, insistiu para que a tentativa de capitalismo que o governo provisório queria desenvolver fosse abortada (como ocorreu com a Revolução de Outubro), para, assim, desencadear a Revolução na Europa.

O movimento operário mundial, naquele momento, estava em plena ebulição, sobretudo no contexto da Primeira Guerra Mundial, e precisava de um estopim que incendiasse o movimento internacional, a tomada de poder pelos bolcheviques na Rússia. Porém, as esperanças de Lênin, no que concerne à revolução na Europa, estavam de fato depositadas na Alemanha. O líder do Partido Bolchevique expressou em uma carta:

> O proletário da Rússia deve empregar toda a sua energia para dar apoio aos operários alemães [...] convocados a manter a mais ferrenha luta contra o imperialismo inglês e seu próprio. A derrota do imperialismo alemão provocará, por parte do imperialismo francês, durante certo tempo, acréscimo de arrogância, de crueldade, de espírito reacionário conservador e conquistador.
>
> O proletariado russo compreenderá que em breve lhe serão exigidos os maiores sacrifícios em nome do internacionalismo. Aproxima-se o momento em que as circunstancias poderão exigir que auxiliemos os operários alemães em que sucudiram o jogo próprio de seu imperialismo, contra o imperialismo anglo-francês (Lenin, 1917 *apud* Serge, 2007, p. 409-410).

Trotsky, colíder da Revolução de Outubro, também via a Revolução Alemã como mais um impulso para a Revolução na Europa, como argumenta:

> A partir de então, a Alemanha atrairá para si, fortemente, a simpatia de todos os povos, a simpatia das massas oprimidas do mundo – e, antes de mais nada, da França [...] mais sangrada que qualquer outra classe operária francesa só espera, em seu coração revolucionário, o primeiro sinal da Alemanha [...] (Lenin, 1917 *apud* Serge, 2007, p. 410).

A aposta dos internacionalistas na Revolução Alemã, especialmente de Lênin, não era uma especulação irrealista ou idealista, dado que as condições de para uma revolução socialista prosperar na Alemanha naquele momento, após a Primeira Guerra Mundial, eram significativas por vários motivos, os quais serão elencados a seguir.

As condições objetivas estavam favoráveis para uma ruptura no sistema capitalista, haja vista a crise econômica que atingia a classe trabalhadora alemã, educada na luta de classes, o que resultou, em 1918, na queda da monarquia e na ascensão ao poder de um socialista do partido mais poderoso da Alemanha, o Partido Social-Democrata Alemão (SPD), o qual, diga-se de passagem, tinha o maior número de representantes no parlamento e uma forte inserção na classe trabalhadora e na pequena burguesia[14].

---

[14] Para entender melhor o tamanho e a influência que a social democracia exercia na classe trabalhadora alemã e suas respectivas cifras, consultar: Isabel Loureiro (2005) em *A revolução alemã* (1918-1923), pois, ela mostra com riqueza os dados sobre esse partido e sua relação com a classe trabalhadora.

Após a queda da monarquia, provocada pelas greves gerais na Alemanha de 1918, assim como na Rússia em 1905, surgiram os conselhos operários, que adotavam a política da democracia de base. Além disso, as condições subjetivas também eram favoráveis, pois o operariado alemão, ou pelo menos uma parte significativa dele, desejava romper com o capitalismo; os conselhos[15] eram a parte mais revolucionária da classe trabalhadora.

O ímpeto revolucionário, que durou de 1918 a 1923, obteve algumas conquistas, como a derrubada da monarquia e o direito de voto para mulheres e trabalhadores, ou seja, a instalação de uma república burguesa com algumas concessões à classe operária, com o objetivo de amortecer seu ímpeto revolucionário. No entanto, o partido que governou a Alemanha pós-monarquia não desejava transcender as barreiras do capitalismo, mas sim governar com as instituições burguesas e operar algumas melhorias dentro da ordem estabelecida. Isso se expressava nas palavras do futuro líder do governo, do Partido Social Democrata, que na véspera da queda da monarquia dizia: "Se o Kaiser não abdicar, a revolução social será inevitável. Eu não quero essa revolução: odeio-a como odeio o pecado" (Ebert, 1919 *apud* Loureiro, 2005, p. 55). Foi com esse espírito que a social democracia operou a conjuntura entre 1918 e 1923.

No entanto, não cabe aqui dissuadir sobre o processo da Revolução Alemã, pois esse não é o objetivo, porém se pode afirmar que o partido social democrata teve um papel fundamental para a derrota da Revolução Alemã, uma vez que teve a hegemonia na classe trabalhadora, mas não quis liderar o processo revolucionário; pelo contrário, lutou contra ele.

Em suma, as esperanças dos revolucionários russos foram frustradas, levando a revolução a um isolamento tremendo, fazendo com que os bolcheviques buscassem outros caminhos para galgar ao socialismo. Já na Alemanha, as tentativas de revolução foram todas abafadas em detrimento de um capitalismo mais "humano", defendida pela ala majoritária da social democracia.

Entretanto, o Partido Social Democrata pagou um preço alto por essa traição à causa socialista, da qual se dizia herdeiro. A conciliação de classes serviu apenas para derrotar os trabalhadores, retirando direitos conquistados no processo revolucionário e pavimentando o caminho

---

[15] Foram os conselhos que impulsionaram uma revolução na Baviera-Munique que logo depois, a reação e com a complacência da social democracia reprimiu as lideranças partidárias e restabeleceu a ordem.

para a extrema direita. O nazismo, então, ganhou força e empreendeu uma jornada anticomunista na Alemanha e no mundo.

Mesmo com a derrota da Revolução Alemã, que os bolcheviques visualizavam como o desenvolvimento da Revolução Mundial, a Revolução Russa inaugurou uma nova era para a humanidade e dividiu o mundo em quase todo século XX. A primeira revolução socialista espalhou centelhas de uma nova era, impactando todas as relações humanas, como trabalho (o imaginário dos trabalhadores e suas entidades de classe), o combate ao racismo das nações oprimidas pelo imperialismo e, por último, não menos importante, impulsionou a luta das mulheres por direitos iguais.

O movimento socialista europeu, enraizado no movimento operário e, por sua vez, no movimento socialista russo, justamente por sua proximidade geográfica e que fora correligionário na época da Segunda Internacional Comunista, recebeu esse novo episódio como uma redenção das classes historicamente oprimidas e espoliadas no capitalismo.

O entusiasmo em muitos dos países da Europa ocidental empreendera tentativas de assalto ao poder, como o Partido Bolchevique fizera na Rússia. Porém, muitos deles fracassaram, e onde houve êxito, as repúblicas socialistas não sobreviveram por muito tempo, como nos casos da Baviera (Munique) e da Hungria, que meses depois a reação conseguiu reprimir e restabelecer a ordem.

Uma vez que as forças revolucionárias foram derrotadas nas suas intenções de causar rupturas na sociedade do capital, como Inglaterra, França, Itália, Hungria e Alemanha entre 1918-1923, os movimentos operários e suas entidades não cessaram a luta contra a carnificina da guerra e tudo que ela representava de opressão e, a partir de então, começaram a fazer "greves-mostro" (Abendroth, 1977).

Por consequência, muitos partidos conservadores e cristãos, em suas resoluções e programas eleitorais, passaram a defender a "socialização" parcial da economia e também concessões trabalhistas para se contrapor aos partidos de esquerda, hegemonizados pelos movimentos trabalhistas.

Portanto, a relação de capital e trabalho nos principais estados da Europa (França, Itália, Inglaterra e Alemanha) foi repensada devido às reivindicações das poderosas greves. Com isso, foram concedidas jornadas de oito horas de trabalho e melhorias sociais para os trabalhadores, mesmo com os partidos burgueses no poder, exceto na Alemanha. O sociólogo Wolfgang Abendroth (1977) faz uma síntese onde diz que,

> A revolução outubrina russa dera início a esse período; teve efeito catalisador. Ao término do período, no entanto, o movimento trabalhista revolucionário acabou derrotado na totalidade fora do reino czarista. Nos países altamente industrializados da Europa central e ocidental, a estrutura da sociedade capitalista conseguiu outra vez se recrudescer, embora forçada, em quase todos os casos, a democratizar o ordenamento político do domínio que exercia. Por toda parte, quase sem exceção, o movimento trabalhista havia conquistado importantes concessões em matérias de política social (p. 79).

Ainda no âmbito da política, mais precisamente da economia política, a crise de superprodução de 1929, nos Estados Unidos, desdobrou-se em cadeias pelo mundo (exceto em poucos países da malha capitalista), colocando em xeque a teoria liberal da economia. Justamente a economia sem nenhum tipo de regulamentação por parte do Estado foi o que ocasionou essa crise de superprodução.

Assim, esses países, para se recuperarem da crise, além de adotar as ideias keynesianas, foram aliados a uma planificação comedida da economia, mesmo dentro da esfera capitalista, já que o único grande país que não sofreu com a crise de 1929 foi justamente a URSS, que, ao contrário, apresentou taxas de crescimentos espantosas, enquanto a burguesia mundial precisava afugentar o fantasma da revolução mundial, recuando do liberalismo como forma de organizar a economia.

Em suma, até a maneira de gerenciar o capitalismo pós-crise de 1929 e da Segunda Guerra Mundial foi moldada de forma a afastar o perigo da revolução socialista, mesmo que, para tal, a burguesia admitisse um certo controle econômico pela nova forma de administração do capital: a intervenção do Estado na economia com uma limitada planificação. Lembrando que a planificação era a maneira que a economia soviética estava organizada.

A relação do marxismo com as questões raciais sempre foi de combate e denúncia do racismo. Desde Karl Marx (embora encontremos em alguns escritos de Marx lampejos de preconceitos contra povos não-europeus), percebemos uma severa e profunda denúncia contra a opressão racial e étnica. Por exemplo, a que africanos e ameríndios sofreram, e que foram expostas no livro *O Capital e* no famoso capítulo XXIV, *A assim chamada acumulação primitiva.* Nesse específico capítulo, uma das partes debate a colonização, e expõe a tese de que a história do surgimento do capitalismo foi escrito com muito suor, sangue e lágrimas daqueles como os nativos da América e da África: "O extermínio e a escravização das populações indígenas, [que foram] forçadas a trabalhar no interior das minas no início da conquista e pilhagem das índias orientais e a transformação da África num vasto campo de caçada lucrativa" (Marx, 1968, p. 868).

A problemática do racismo no pensamento socialista, desde dos seus primórdios, foi tratada com combatividade, ao contrário do pensamento liberal, que, hegemonicamente, apoiou todas as investidas e forneceu justificativas ideológicas para a construção do *racismo científico*. Como também deu aval à repressão aos povos subjugados pelas nações imperialistas.

A Terceira Internacional Comunista, fundada em 1919 na Rússia, sob a liderança de Lenin, era vista por ele como um instrumento poderoso para fomento de levantes operários pela Europa e também nas latitudes onde o capitalismo existia em sua fase mais perversa: o imperialismo. Todavia, no estudo sobre o caráter e a nova fase do capitalismo e suas novas mutações, o líder dos bolcheviques não deixou de denunciar o racismo. Portanto, o combate ao racismo dos revolucionários russos não ficou restrito às denúncias nos livros de Lenin e de outros socialistas. A orientação da IC, além de combater o racismo, ajudava a fomentar a união entre brancos e negros em torno do projeto revolucionário, pois, para Lenin, estava claro que o problema da opressão racista advinha da ganância dos capitalistas na espoliação da riqueza de outros povos considerados inferiores.

No 4º Congresso da IC, realizado em 1922, foi colocado que a *questão negra* havia se tornado parte integrante da revolução mundial. A IC já reconhecia a valiosa ajuda que os povos de cor asiáticos poderiam dar à revolução proletária e percebia que, nos países semicapitalistas, a cooperação com os nossos irmãos negros oprimidos era extremamente importante para a revolução proletária e para a destruição do poder capitalista. Portanto, o 4º Congresso dá aos comunistas a responsabilidade especial de vigiar de perto a aplicação das *Teses sobre a questão colonial* à situação dos negros (4º Congresso da IC, 2017).

O trecho do documento reproduzido abaixo refere-se a uma greve dos trabalhadores negros na África do Sul, em 1922, na qual a IC apoiou a unidade entre negros e brancos. A resolução final desse congresso tirou tarefas importantes para o movimento comunista internacional no combate ao racismo sob o jugo do imperialismo:

> 1. O IV Congresso considera essencial apoiar todas as formas do movimento negro que visam minar ou enfraquecer o capitalismo e o imperialismo ou impedir a sua expansão.
>
> 2. A Internacional Comunista lutará pela igualdade racial de negros e brancos, por salários iguais e igualdade de direitos sociais e políticos.
>
> 3. A Internacional Comunista fará todo o possível para forçar os sindicatos a admitirem trabalhadores negros onde a admissão é legal, e vai insistir numa campanha especial para alcançar este fim. Se esta não tiver êxito, ela irá organizar os negros nos seus próprios sindicatos e então fazer uso especial da táctica da frente única para forçar os sindicatos gerais a admiti-los.
>
> 4. A Internacional Comunista vai tomar imediatamente medidas para convocar uma Conferência ou Congresso internacional negro em Moscovo (4º Congresso da IC, 2017).

Portanto, o combate ao racismo e a libertação das colônias da tutela dos países imperialistas teve a revolução socialista na Rússia como referencial teórico e prático, uma vez que a URSS, constituída como potência socialista, proporcionou um fascínio muito grande nos filhos das elites nativas, que, ao estudarem na Europa, conheceram as teorias ligadas ao Estado soviético[16], bem como no apoio que a URSS forneceu às guerrilhas pela libertação de muitos países africanos nas décadas de 50 e 60.

O movimento derivado de Outubro de 1917 foi o que mais defendeu a igualdade racial entre negros, brancos e asiáticos, visto que, no Ocidente, de forma geral, os negros eram tratados como uma raça de segunda categoria, produzindo até formas mais brutais de discriminação institucionalizada, como a que havia até a década de 1960 nos Estados Unidos, a dita "terra da liberdade".

O movimento feminista da época teve ressonância na Revolução Russa, pois as mulheres desempenharam um papel extremamente importante no processo revolucionário. O movimento que derrubou o czar em fevereiro (março no calendário ocidental) teve na vanguarda as mulheres

---

[16] Para compreender com mais profundidade a relação entre a URSS e os países africanos, ver Thiam e Mulina, em *História Geral da África* Volume VIII. São Paulo: Editora Cortez, 2011, p. 965-1001.

trabalhadoras e pobres[17]. Todavia, mesmo antes da Revolução de Outubro, os partidos de esquerda contavam com mulheres que participaram dos debates sobre a emancipação feminina, seja na Rússia ou na Europa de modo geral.[18]

Na Revolução de Outubro na Rússia, a questão da emancipação da mulher foi colocado em debate nos primeiros anos, fazendo com que reivindicações históricas fossem atendidas e construídas pelas mulheres russas, tais como: direitos jurídicos iguais aos dos homens, direito ao divórcio quando uma das partes desejasse, direito ao aborto, direito a votar e a serem votadas nos *sovietes* etc.

O Estado se encarregava das obrigações de garantir creches para que as mulheres pudessem trabalhar, visando a libertação dos grilhões do lar. Para o movimento feminista, a instituição familiar era vista como a mais opressora da sociedade capitalista. Assim, a construção de creches, orfanatos e lavanderias coletivas eram as condições que poderiam garantir que a mulher rompesse com as amarras da família patriarcal.

A historiadora Wendy Goldman ao fazer um estudo sobre a origem dos diretos das mulheres na sociedade ocidental contemporânea, argumenta que foi o regime soviético no princípio quem mais avançou no mundo:

> De um ponto de vista comparativo, o código de 1918 estava notavelmente à frente de seu tempo. Uma legislação parecida com a relação de igualdade de gênero, divórcio, legitimidade e propriedade ainda está por ser promulgado nos Estados Unidos e muitos países da Europa. Como tal, o código preservava o registro de casamento, pensão alimentícia, subsídio de menores e outros mecanismos relacionados com a necessidade persistente, ainda que transitória, da unidade familiar (Goldman, 2014, p. 73).

---

[17] A segunda etapa da Revolução Russa, ocorrida em fevereiro (março, no calendário ocidental), teve como vanguarda as mulheres trabalhadoras e pobres da cidade. Ao começar o processo de manifestação contra o czar, elas conseguiram atrair os homens para as suas fileiras e, com isso, derrubar a monarquia que vigorava há mais de trezentos anos. Para conhecer melhor esse aspecto, ver: MURPHY, Kevin. O movimento grevista pré-revolucionário na Rússia (1912-1916). *Revista outubro*, São Paulo, n. 21, p. 124-141, jul./dez. 2013.

[18] O debate sobre a emancipação das mulheres e da opressão de gênero deita raízes no seio do marxismo e do comunismo. Basta lembrarmos de Engels (2012) e seu célebre livro *A situação da classe trabalhadora na Inglaterra*, de 1844. Já a Segunda Internacional tinha nas suas filiais mulheres de destaque, como Rosa Luxemburgo, na Polônia; Clara Zetkin, na Alemanha, e Alexandra Kollontai, na Rússia, além de tantas outras que tiveram destaque em seus respectivos partidos. Todas elas tinham em comum o combate ao machismo a partir do marxismo.

Portanto, a visão dos bolcheviques em relação à emancipação da mulher não estava em mera legislação jurídica que colocava em igualdade homens e mulheres na Rússia, mas em políticas econômicas que elevassem as condições objetivas das mulheres, como premissas básicas para alcançar a libertação da instituição da família tradicional. Sendo assim, a primeira medida era criar cotas de empregos nas grandes fábricas e nos órgãos da administração do aparelho estatal, o que possibilitou que as mulheres tivessem independência econômica.

Assim, o movimento feminista europeu foi guiado e seduzido pelo que estava acontecendo na Rússia em relação aos direitos das mulheres. Isso exerceu uma influência muito grande nas feministas, a ponto de terem na Rússia uma referência concreta nas suas lutas contra a opressão de gênero e classe.

1.3 América latina

Os ecos da revolução começaram imediatamente a penetrar em vários movimentos trabalhistas, estudantis, socialistas e anarquistas do mundo todo, independentemente de qualquer filiação teórica fosse, visto que o nome de Lênin e dos sovietes eram os mais comentados dentro desses movimentos na Europa ou fora dela. Como foi o caso dos "sovietes" que foram formados pelos trabalhadores cubanos na indústria de tabaco naquele país (Hobsbawm, 2012).

Já no México, onde o movimento revolucionário foi iniciado em 1910, radicalizou-se justamente em 1917: "naturalmente reconhecer sua afinidade pela com a Rússia revolucionária: Marx e Lênin tornaram-se seus ícones, juntos com Montezuma, Emiliano Zapata e vários trabalhadores índios" (Hobsbawm, 2012, p. 72).

Na América Latina, o ano de 1917 representou muito embate entre operários e patrões, expondo um acirramento ainda maior na dinâmica da luta de classes, posto que a Primeira Guerra Mundial piorou a situação material da classe trabalhadora. Por outro lado, o processo revolucionário russo influenciou enormemente a mentalidade desses trabalhadores, sobretudo os mais esclarecidos, que viam no capitalismo uma espécie de "escravidão" moderna. Em suma, esses dois fatores fizeram explodir lutas sociais, por meio das grandes greves e motins que surgiram durante esse período.

Para pegarmos um exemplo, "na Argentina, durante 1917, foram registradas, oficialmente, apenas em Buenos Aires, 138 greves com mais de 136 mil participantes. Isso significou um imenso incremento em comparação com os anos anteriores" (Koval, 1980, p. 71).

Em Cuba, os operários e trabalhadores pararam duas semanas os portos por onde escoavam as mercadorias como açúcar e tabaco, ocasionando uma paralisia geral na economia local, como também os trabalhadores da produção de cana-de-açúcar, que também pararam. No Chile, não foi diferente: ocorreram mais de 60 greves entre 1917 e 1918, o que chamou a atenção das autoridades daquele país para uma contraofensiva repressiva. Portanto, por uma questão óbvia, não iremos detalhar cada país na América Latina, mas o historiador russo, Boris Koval (1980, p. 119), ao investigar aquela conjuntura do movimento operário no continente, faz uma boa síntese daquele momento:

> A luta grevista das massas abarcou todo continente em 1917-1920. No cenário das batalhas de classe, operariado em todos os países, grandes e pequenos, aumentos continuamente seu vigor, acumulou experiências e fortaleceu a unidade combativa de suas fileiras.
>
> O traço principal da ação proletária latino-americana foi naquela época seu caráter de massa. Para compreender isso, basta recordar alguns fatos. No Chile, mais de cem mil pessoas fizeram agosto de 1919 uma manifestação contra a fome e a miséria. Nenhuma outra ação desse tipo havia jamais alcançado semelhante plenitude. Na Argentina, 1918 a 1920, participaram das greves, segundo dados incompletos, mais de 576 mil pessoas.

Esses conflitos entre patrões e operários na América Latina culminaram em greves em massa em quase todos os países que fazem parte do continente, uns com maior intensidade que outros. Perante a situação, os Estados capitalistas na América Latina adotaram duas medidas para tentar solucionar a "anarquia" e colocar os respectivos países americanos em sua "normalidade". A primeira foi a repressão brutal que os trabalhadores e suas entidades de classe sofreram, pois em todos os países, os governos burgueses utilizaram a polícia e o exército para debelar as lutas dos subalternos.

Para ilustrar a repressão, tomamos como exemplo o Chile a e Argentina (em todos os países a burguesia foi bastante truculenta). No Chile, as forças repressivas entram em rota de colisão com uma greve em massa que ocorreu em 1919, causando várias mortes cometidas pela polícia. No entanto, o governo declarou estado de sítio com o pretexto de impedir "a revolução social", perseguindo as lideranças sindicais e dando aval para que as empresas demitissem em massa os operários grevistas.

Na Argentina, o embate entre operários e patrões foi mais trágico que no Chile, ficando conhecido como "A Semana Trágica Argentina", em decorrência de uma greve em uma determinada fábrica, onde alguns operários decidiram furar a greve para enfraquecer o movimento. A partir daí, setores mais radicais começaram a hostilizar aqueles que queriam minar o movimento. Os trabalhadores que furaram a greve chamaram a polícia, e a repressão violenta resultou em seis mortos e vários feridos em 7 de janeiro de 1919.

Todavia, milhares de trabalhadores fizeram homenagens póstumas a esses operários mortos, chegando a reunir 200 mil pessoas em Buenos Aires e mais uma vez a polícia argentina abusou da violência, atirando na multidão e muitos operários que foram render a homenagem aos mártires acabaram sendo baleados e muitos morreram. Entretanto, desencadeou uma revolta entre os trabalhadores a ponto de uma ala sair no confronto com as forças policiais e ter ainda mais mortos. Para justificar essa carnificina, as autoridades propagavam que havia um grupo que queria implantar a revolução "soviética em Buenos Aires" (Koval, 1980).

Em suma, a justificativa que o Estado deu para tamanha barbárie foi irrealista, dado que os motivos que geraram essa violência toda não estavam na luta contra a derrubada do Estado argentino, pois a correlação de forças era desfavorável para tamanha ousadia. Porém, a paranoia da burguesia perante a Revolução de Outubro fez com que qualquer agitação social fosse vista como potencial revolucionário que precisava ser urgentemente debelado. O resultado desse morticínio, segundo números oficiais, chegou a mais de 1,5 mil mortos e 4 mil feridos.

Já a segunda medida para abafar os perigos revolucionários inflamados no seio do movimento operário, pelos primeiros ecos revolucionários, aconteceu quando muitos desses países fizeram concessões a algumas reivindicações mais elementares para a classe trabalhadora: no Chile, em dezembro de 1917, foi aprovada uma lei para pagar pensão a trabalhadores mutilados no local de trabalho. Na Argentina, foi aprovada a jornada de 8 horas diárias de trabalho, uma folga dominical, férias remuneradas e regulamentação do trabalho de mulheres e crianças, no Uruguai, também os trabalhadores conquistaram as 8 horas diárias de trabalho; já no México, onde já havia em curso uma revolução desde 1910 e que, em 1917, convergiu com o levante russo, na Constituição de 1917, tinha criado um artigo que se referia a um código do trabalho, na qual havia direitos como 8 horas diárias, proibição de trabalho noturno para mulheres e crianças, dias de descanso e salário mínimo (Koval, 1980).

O reconhecimento da Revolução Outubrina pelos subalternos organizados fez com que passassem a surgir partidos com a nomenclatura Comunista, como foi o caso da Argentina (1918), México (1919), Uruguai (1920), Brasil (1922), Chile (1922) e Cuba (1925). Todos esses partidos eram filiados à Terceiras Internacional Comunista, fundada em 1919 pelos bolcheviques, dois anos após a Insurreição de Outubro.

2

O MOVIMENTO OPERÁRIO BRASILEIRO E O PROCESSO DA REVOLUÇÃO RUSSA

2.1 Determinações estruturais e a formação da classe trabalhadora no Brasil

A queda da monarquia e a proclamação da República não representaram grandes transformações socioeconômico no Brasil, pois pouco alterou a estrutura econômica do país, uma vez que, nos seus momentos finais, a monarquia tentou resolver a crise da mão de obra, abolindo a escravatura e importando mão de obra estrangeira livre – italianos, espanhóis, portugueses e alemães – para manter a produção nas grandes lavouras.

Assim, a queda da monarquia ajudou a consolidar a ordem econômica vigente: o liberalismo oligárquico de caráter agroexportador. O fato é que a Primeira República permaneceu atrelada à lógica de divisão internacional[19] do trabalho, na qual o Brasil exportava matéria prima e importava bens de consumo manufaturados das grandes potências, principalmente da Inglaterra. Desse modo, a economia brasileira nesse momento estava atrelada à lógica da divisão internacional do trabalho, mas também à dependência dos capitais estrangeiros:

> O largo incremento da lavoura cafeeira, por exemplo, não teria sido possível sem os capitais e créditos fornecidos pela finança internacional. Boa parte dos fundos necessários ao estabelecimento das plantações e custeio da produção provém de bancos ingleses e franceses, ou então intermediários, muitos deles firmas estrangeiras ou financiadas com capitais estrangeiros (Prado Júnior, 1974, p. 210).

---

[19] A um debate que não vou me adentrar sobre a formação do capitalismo no Brasil e sua relação com a divisão internacional do trabalho, Caio Prado Júnior, no clássico *Formação do Brasil Contemporâneo* defende a tese de que o país tinha sido econômica na lógica da divisão internacional do trabalho de forma subordinada na colonização e perpassou a monarquia e a república. Há outras visões que contestam essa tese, entretanto, não irei me aprofundar por fugir do objetivo deste livro.

Portanto, o capitalismo agrário da Primeira República, girava em torno da produção de café que era a grande fonte de riqueza nacional[20]. Para se ter uma ideia, o Brasil produzia e exportava 70% do café consumido no mundo, ou seja, não havia concorrência páreo para o Brasil no que concerne a produção e comercialização do café (Prado Júnior, 1974).

Em suma, pode-se dizer que, ao longo da República Velha, que perdurou até 1930, o café foi o principal produto de exportação da economia do país e também o principal produto gerador de riqueza, o que inevitavelmente atraía outras atividades econômicas, posto que a expansão da exportação de café trouxe o aumento de serviços que se localizavam nos centros urbanos, como portos e linhas ferroviárias, necessários para escoar o café para a Europa.

Sendo assim, esse setor empregou muitos trabalhadores, aliado às poucas fábricas de maior porte instaladas (no entanto, nesse período, predominavam as pequenas indústrias de bebidas e alimentos) próximas às infraestruturas montadas para atender o mercado externo de exportação de café.

A eclosão da Primeira Guerra Mundial significou um aumento na atividade industrial no país, uma vez que foram limitadas as importações das potências estrangeiras, no que se refere a insumos e máquinas que eram essenciais para ensacar e processar (ou refinar, como no caso do açúcar) o café, trigo, açúcar e cacau para exportação, e, com isso, surgiram várias pequenas fábricas ligadas ao setor agroexportador no Brasil. Assim, a industrialização deu esse impulso devido à carência de importação de alguns produtos manufaturados advindos da Europa, que antes eram importados, mas que naquele momento a indústria nacional interna começou a despontar.[21]

O quadro abaixo reproduzido, demostra como houve uma evolução no número de indústria nas principais cidades do país e seus respectivos números de operários ligados a esse setor secundário da economia:

---

[20] Apesar da produção agrária estar em torno do café no Brasil, havia também na mesma lógica da divisão internacional, o trabalho com o açúcar, na região do Nordeste, especificamente em Pernambuco. A produção de cacau que concentrava a sua maior parte na Bahia. Já a pequena propriedade ficava a encargo do abastecimento interno. Para ver melhor, consultar: PRADO JÚNIOR, Caio Prado. *História econômica do Brasil.* São Paulo: Brasiliense, 1974. p. 225-256.

[21] Para Caio Prado Júnior (1974) a indústria brasileira deu um surto devido à inserção na lógica internacional do trabalho, na qual a função do Brasil era exportador, entretanto o parque industrial brasileiro era extremamente ínfimo e pouco competitivo em relação à indústria europeia, especificamente Inglesa e Francesa, mas com a guerra, muito desses produtos deixaram de desembarcar no Brasil e isso favoreceu a um certo desenvolvimento da Indústria Nacional.

Tabela 1 – Brasil: Produção Industrial por Estado

	1907		1920	
	Nº de estabe-lecimentos	Nº de ope-rários	Nº de estabele-cimentos	Nº de operários
Distrito Federal	662	34.850	1.541	56.229
São Paulo	326	24.186	4.145	83.998
Rio Grande do Sul	314	15.426	1.773	24.661
Rio de Janeiro	207	13.632	454	16.796
Pernambuco	118	12.024	442	15.761
Paraná	297	4.724	623	7.295
Minas Gerais	529	9.405	1.243	18.522
Bahia	78	9.964	491	14.784
Pará	54	2.539	168	3.033
Sergipe	103	3.027	237	5.386
Santa Catarina	163	2.102	791	5.297
Amazonas	92	1.168	69	636
Alagoas	45	3.775	452	6.989
Maranhão	18	4.545	89	3.543
MatoGrosso	15	3.870	20	280
Paraíba	42	1.461	251	3.035
Ceará	18	1.207	194	4.702
Piauí	3	355	55	1.150
Rio Grande do Norte	14	560	197	2.146
Espírito Santo	4	90	75	1.005
Goiás	18	90	16	244
Acre			10	22
Totais	3.120	149.018	13.436	275.514

Fonte: Carone (1972)

De acordo com o quadro, o número de estabelecimentos industriais cresceu mais de 400% entre 1907 e 1920 e o número de operários ligados à indústria também deu um salto entre esta data, chegando a quase dobrar. Embora a quantidade de operários fabris seja pouco significante numericamente, a população economicamente ativa era de 9.566.840, sendo que 67% estava no campo. Restando 13% em 1920 nas atividades industriais (Mattos, 2009).

Assim, apesar da economia brasileira durante este período ser predominantemente agroexportadora de café, foi a guerra que impulsionou uma industrialização no Brasil, mesmo que limitada e desigual regionalmente, visto que o surto industrial se resumiu a São Paulo, Rio de Janeiro, Rio Grande do Sul e Pernambuco.

Nessas cidades, havia uma concentração maior de operários, que só é possível classificá-la sociologicamente sob o modo de produção capitalista em que vivem, despossuídos dos meios de produção – terras, ferramentas, máquinas, oficinas, fábricas, empresas – e vivendo em situação oposta – de exploração da força de trabalho – em relação aos que possuem os meios de produção, sendo "obrigados" a vender sua força de trabalho como forma de sobrevivência. Portanto, essas são as condições objetivas que engendram a classe operária em "si".

A passagem para a classe "em si" para a classe "para si", na concepção marxista, ocorre quando a classe operária tem clarividência de que seus interesses são antagônicos aos dos patrões e começa a se unir em entidades de classe: associações culturais, clubes, sindicatos e até partidos de classe operária, formando, então, uma consciência operária de seu lugar no modo de produção capitalista.

No Brasil, a formação de uma classe trabalhadora começa na segunda metade do século 19. Com o fim do tráfico de escravos, houve a necessidade de suprir a carência de mão de obra escrava, que não estava mais sendo importada com tanto vigor. Desta forma, a solução encontrada foi a importar mão de obra imigrante para as lavouras de café e as indústrias que giravam em torno da produção cafeeira.

Esses imigrantes vieram de várias partes da Europa, sobretudo Itália, Espanha e Portugal. Em São Paulo, por exemplo, havia uma predominância de trabalhadores imigrantes a ponto de, em "1890 e, entre a população ocupada, os estrangeiros chegaram a somar 68%, ou seja, grande maioria dos trabalhadores paulistas era composta por imigrantes, a maior parte italianos" (Mattos, 2009, p. 39). No Rio de Janeiro, os imigrantes que ocupavam os postos de trabalho eram em sua grande maioria portugueses, que ocupavam cerca da metade da mão de obra estrangeira que girava em torno de 25% do total (Mattos, 2009). Em Recife, houve uma baixa quantidade de estrangeiros que ocupavam o mercado de trabalho.

Esses imigrantes, ao chegarem ao Brasil, foram primordiais para a elevação de uma cultura operária devido à sua experiência e bagagem política e teórica trazidas da Europa, como as ideias anarquistas e socialistas, herege ao capitalismo, uma imprensa operária que divulgava essas ideias e denunciava a exploração capitalista, como também tentar construir uma ética do trabalho positiva (de forma diferente dos patrões) em um país que teve um passado recente com a escravidão, no qual havia uma ojeriza ao trabalho braçal. Ou seja, dava suma importância a essa valorização do trabalho como forma de aglutinar as camadas mais exploradas da sociedade para o embate contra os patrões.

Porém, não se pode tomar como o único e principal fator de desenvolvimento de consciência de classe e organização operária no Brasil o exemplo de São Paulo, onde a atuação desses operários imigrantes era bem maior, como mostramos acima. Sendo assim, não concordamos com essa leitura de que a consciência operária foi datada depois da abolição da escravatura, em 1888, com a Lei Áurea e a vinda de imigrantes europeus, que inaugurariam uma fase de luta e organização política da classe trabalhadora. Acreditamos que essa leitura é um pouco demasiada, pois, seguindo os passos do historiador britânico Thompson, Marcelo Badaró Mattos (2008) faz um recuo histórico e utiliza o conceito de experiência ao defender a tese de que,

> Os trabalhadores assalariados, que compartilhavam espaços de trabalho e de vida urbana com os escravizados, atuaram coletiva e organizadamente pela sua libertação, demonstrando que este tipo de solidariedade na luta pela liberdade era parte do arsenal de valores da nova classe em formação.

> E se trabalhadores escravizados e livres compartilham experiências de trabalho e de vida, além de valores, fizeram-no por meio de uma troca de experiências que incluiu o compartilhamento de modelos e formas associativas, assim como de padrões de mobilização e luta (p. 21).

Sendo assim, os primeiros passos da formação da classe trabalhadora não vieram unicamente com a chegada dos imigrantes europeus, mas com as experiências partilhadas com os negros escravizados e com os recém libertos, atuando com os trabalhadores imigrantes nos mesmos locais de trabalho, compartilhando com as respectivas formas de luta antes mesmo da abolição da escravatura. Portanto, com o trabalho escravo abolido, os negros[22], imigrantes e demais trabalhadores compuseram a classe trabalhadora durante toda a República Velha, organizando-se em sindicatos, associações e partidos com a finalidade de lutar contra a exploração que o Estado capitalista brasileiro infligia.

O historiador britânico Thompson (1987a) averiguou que, nos anos seguintes à Revolução Industrial, os trabalhadores, imbuídos de uma consciência política mais radical contra o sistema vigente, faziam trabalho de base entre aqueles trabalhadores que eram analfabetos na Inglaterra. A conscientização da classe trabalhadora ocorria de diferentes formas: por meio de leituras compartilhadas da imprensa operária e também de escolas para alfabetizar a classe trabalhadora e seus filhos, para que tivessem acesso aos periódicos que traziam as denúncias e alternativa para classe a trabalhadora. Outra forma de elevar a consciência política era feita por meio do teatro: Thompson (1987a, p. 333) mostra que, "a cultura do teatro e da oficina de cartuns foi popular num sentido mais amplo do que a cultura literária dos artesões radicais".

No Brasil, no início do século XX, o cenário não foi muito diferente do da Inglaterra, na qual Thompson estudou a formação da classe trabalhadora. Hegemonizadas pelos anarquistas, as lideranças dos movimentos operários, em geral, tinham essa preocupação de elevar a consciência da classe trabalhadora e também de propagar uma alternativa fora do jugo do capitalismo. Destarte, um dos métodos era a imprensa operária que, apesar de efêmera, tinha a função de educar o operariado da sua situação e de como poderia galgar melhorias por meio da luta. Porém, a grande maioria dos trabalhadores não tinha instrução para ler os jornais, por

---

[22] Para o sociólogo Florestan Fernandes (2008), a inserção do negro no Brasil, após a abolição, foi feita da pior forma possível, posto que foi sem instrução, indenização sob nenhuma forma de proteção, que o Estado brasileiro inseriu o negro na sociedade de classes de maneira subalterna entre os trabalhadores mais qualificados, uma vez que os negros não tinham uma formação mais especializada em relação aos trabalhadores estrangeiros, cabendo aos negros o trabalho "degradado", ganhando menos e sendo mais explorados. A outra função do negro na sociedade de classes, era a de criar um exército de reserva com fins de depreciar os salários, pois, em muitas funções estes trabalhadores tinham como submeter os trabalhadores hostis à disciplina do trabalho, imposta pelos patrões. Assim, os negros que recém libertos sob essa inserção tiveram ainda mais o racismo aflorado por essa função que tinham pós-abolição. Ver: FERNANDES, Florestan. *A integração do negro na sociedade de classe*. São Paulo: Global, 2008, p. 59-78. Já uma obra recente para ver a posição dos negros no mercado de trabalho pós-abolição. Ver: MATTOS, Marcelo Badaró. *Escravizados e livres*: experiências comuns na formação da classe trabalhadora carioca. Rio de Janeiro: Bom texto, 2008, p. 37-75.

isso, adotava-se a leitura compartilhada em reuniões coletivas com os trabalhadores.

O outro método de elevar a consciência da classe trabalhadora foi a criação de centros culturais pelas lideranças operárias imigrantes. Everardo Dias (1977)[23] foi um desses operários militantes e relembra em suas memórias ao contar que,

> A tendência dos militantes foi a de procurar organiza-se em centros de cultura, que formariam a base para promover a difusão e desenvolvimento de núcleos da doutrina socialista. Os mais importantes núcleos, pelo seu número e pela consciência de classe que iam demostrando, era inegavelmente os italianos. Também os espanhóis e alemães estavam agrupados. Recebiam publicações socialista dos desses países de origem, as quais difundiam entre os simpatizantes (p. 42).

Mais um meio de divulgar as ideias contrarias ao regime socioeconômico estabelecido na República Velha era o teatro, usado como um instrumento político para a classe trabalhadora. Em 1902, o jornal *O Amigo do Povo* traz uma pequena reportagem sobre a peça teatral e comenta:

> Mais uma bela noite de propaganda: a do sábado passado, 18. Foi a primeira apresentação do drama em um prólogo e dois atos do camarada G. Sorelli - Giustiziere! O assunto ficará conhecido, dizendo nós que se baseia numa tragédia cujo o prólogo se passa nas ruas de Milão, e cujo epílogo se desenrola em Monza. Giustiziere é Gaetano, aquele a quem tanta miséria, tanto sofrimento, faz erguer o braço num gesto desesperado de protesto e vingança.
>
> O nosso caro Sorelli não é um escritor, não é um dramaturgo, mas um operário, e é a vida que nos põe em cena, conhece-a, vive-a. por isso foi bem sucedido, e o seu drama, sobretudo no prólogo, agradou e agradou e muito, como lho mostraram os quentes aplausos que recebeu. Aí está um bocado de teatro que nos vai dar pretexto para muita propaganda (O Amigo do Povo, 1902 *apud* Pinheiro; Hall, 1979, p. 32).

---

[23] Everardo Dias nasceu na Espanha em 1883, filho de um professor que veio morar no Brasil dois anos após ele nascer, ou seja, tinha dois anos de vida quando chegou ao Brasil. De concepção política anarquista, Everardo Dias foi um árduo ativista político, que participou das greve geral em 1917 e da insurreição anarquista no Rio de Janeiro em 1918. Em 1919, participou de uma greve geral em São Paulo, na qual foi preso e deportado, voltando em 1920.

Além do teatro, havia também festivais culturais para chamar atenção dos trabalhadores, com a finalidade conscientizá-los politicamente. Em suma, podemos dizer que uma vanguarda de trabalhadores educados, com uma visão de mundo crítica ao capitalismo, e os intelectuais brasileiros que se sensibilizaram com a causa operária e militaram organicamente foram bastante importantes para conscientizar politicamente a classe trabalhadora e também ajudar na sua organização, ou seja, em partidos, sindicatos ou associações de classe. Sendo assim, os imigrantes operários tiveram uma grande importância no que concerne à agitação política na República Velha; porém, não foram os únicos a formar a classe trabalhadora brasileira.

2.2 As primeiras ressonâncias no Brasil

O Brasil, em sua breve história como país constituído independente, teve poucas relações com a Rússia, sejam econômicas, política ou culturais. No entanto, em março de 1917, começou a aparecer nos noticiários brasileiros. Discutia-se não só nas colunas dos principais jornais brasileiro, mas também no congresso nacional, nos sindicatos e nas ruas. Até no cinema se reproduzia os cinejornais, produzidos pela cruz vermelha norte-americana, sobre o governo de Kerensky, trazendo à curiosidade do público enchendo as salas dos cinemas do Rio de Janeiro (Bandeira, 1980).

As primeiras notícias da Revolução de Fevereiro (março no Ocidente) no Brasil foram recebidas de forma simpática, pois a queda do czar foi comemorada como a redenção de uma nova era, como expressou o fragmento da matéria do dia 22 de março de 1917, do *Jornal do Brasil*, que dizia: "Nova Rússia integrada por completo no regime da constituição e da liberdade que impera em quase todas as nações da Europa e América". Era comum que os jornais brasileiros, pelo menos a grande imprensa, ficassem entusiasmados com a abdicação do czar e sua família, visto que isso representou o fim daquele regime para dar lugar a uma tentativa de construção de uma república liberal.

Como já discutimos, o movimento grevista de fevereiro, que derrubou o czar, conseguiu implantar lampejos de democracia na Rússia, com a reabertura do parlamento russo, a legalização dos partidos políticos e a admissão, ainda que limitada, na vida política daquele país. Formou-se um governo de coalisão de vários partidos, exceto os bolcheviques, e com uma maioria de esquerda. Portanto, era ponto pacífico entre esses partidos que compunham o governo provisório a necessidade de desenvolver o capitalismo, embora o discurso dos socialistas fosse desenvolver o capitalismo para, posteriormente, levar à Revolução Socialista, dentro da esfera da democracia representativa. Já aos olhos do Ocidente, esse governo provisório era o caminho que a Rússia deveria tomar, como reproduziu um importante jornal carioca, citando a agência de notícias Havas:

> Londres, 17 (A.H) –Telegrama de Petrogrado dizendo que, a não ser que ocorram fato, improváveis, a Republica é desde de hoje considerado um fato.
>
> O êxito depende de modo como o novo governo for recebido pelos soldados na linha de frente (Correio da Manhã, 16 de março de 1917).

Outro jornal via a Revolução Russa como um novo bastião da democracia e uma potencial companheira diplomática do Brasil, esse jornal era *O País*[24], o principal veículo das elites brasileiras e formador de opinião da República Velha que publicou a manchete "O movimento revolucionário russo", na qual a matéria defendia que,

> A república dos estados unidos do Brasil, que, no terreno da política exterior, ele respeitará os compromissos internacionais assumido pelo regime que o precedeu e honrará a palavra da Rússia.
>
> Cultivará cuidadosamente as relações que unem a nação russa com outras nações amigas e aliadas, na confiança de que essas nações tornarão ainda mais intimas e solidas ainda mais, sob o novo regime, atualmente estabelecido na Rússia, regime que obedece antes de tudo, aos princípios democráticos da liberdade dos povos e do bom entendimento das nações (20 de março de 1917).

Esse fragmento da matéria ainda nos dá outro elemento para explicar a simpatia da elite econômica e política do país e do Ocidente: a Primeira Guerra Mundial, que fez com que o Ocidente (leia-se, os países da Europa, sobretudo Inglaterra e França) apoiasse e reconhecesse o governo

---

[24] O interessante desse jornal, que em pouco tempo se transformou no maior e mais importante jornal do Brasil, é que, na sua origem, no final do século 19, tinha uma linha editorial progressista; mas, à medida que suas relações passaram a ser capitalizadas, esse jornal deu uma guinada à direita, defendendo o regime oligárquico-liberal que imperava no Brasil. Para conhecer melhor esse jornal, consultar o excelente livro: SODRÉ, Nelson Werneck. *História da imprensa no Brasil*. Rio de Janeiro: Graal, 1977.

provisório, visto que o governo provisório deu continuidade ao acordo selado pelo czar.

Nesse sentido, as primeiras notícias vinculadas no Brasil sobre a queda do czar, o governo provisório de Kerensky e a revolução liderada por Lênin foram transmitidas pelas lentes das agências estrangeiras Havas e United Press, da Inglaterra e França, respectivamente.

Por sua vez, a entrada do Brasil na guerra tinha como objetivo atender aos interesses das elites econômicas do país, pois o Brasil estava inserido na lógica da divisão internacional do trabalho, na qual era um exportador de café, algodão e açúcar. França, Estados Unidos e Inglaterra eram os principais importadores desses produtos, países com indústrias consolidadas e exportadoras de produtos manufaturados para o Brasil.

Além disso, conglomerados empresariais tinham vantajosos negócios no Brasil, como as ferrovias (os ingleses), energia (canadenses) e até os produtos que o País exportava, como café e açúcar, tinham as empresas beneficiadoras estrangeiras. Desse modo, os laços que a economia do país tinha com os países citados eram íntimos, a ponto do jornalista Assis Chateaubriand dizer *"Brazilian traction* e o Brasil são uma e a mesma coisa"* (Chateaubrind, 1917 *apud* Bandeira, 1980, p. 39).

Foram essas determinantes estruturais que a grande imprensa brasileira apoiou na guerra mundial, pois os interesses das linhas editoriais eram os mesmos das elites econômicas do Brasil, que tinham como projeto político-econômico um liberalismo conservador. Nesse sentido, entendemos que o jornal tem uma função do partido na acepção gramsciana, especialmente no país, que até os anos trinta não contava com partidos de abrangência nacional (exceto o PCB, fundado em 1922). Destarte, a grande imprensa fazia esse papel do partido político, promovendo o projeto da burguesia em âmbito nacional.

Posteriormente, a Rússia volta a ser assunto de interesse nas numerosas páginas dos grandes jornais brasileiros, com o acirramento da disputa entre os bolcheviques e o governo provisório, e com o desejo dos bolcheviques de sair da guerra e propor a paz. Essa posição levou o partido liderado por Lênin a sofrer notas de hostilidade e acusações tremendas por parte da grande imprensa brasileira, que o acusava de estar a serviço do governo alemão ou de Lênin ser um agente infiltrado.

> Em certos pontos, porém, trabalhadores dirigidos por agentes alemães, quiseram fazer demonstrações contra a guerra, os demais operários protestaram, travando-se conflitos de certa importância que exigiram a intervenção da polícia. Em três pontos da cidade explodiram bombas durante os comícios, sendo presos vários suspeitos, entre os quais alguns conhecidos ácratas (A Noite, 2 de maio de 1917).

Foi justamente em maio, no Brasil (em abril na Rússia), que Lênin desembarcou na estação Finlândia e lançou as famosas Teses de Abril, entre as quais estava a proposta de tirar a Rússia da guerra, e os jornais brasileiros começaram a acusá-lo de agente alemão[25], como fez este jornal carioca:

> New York, 4 (A.A) – telegrafam de Paris- o correspondente da agência Havas entrevistou o Sr. Vladmir Burtzev, líder revolucionário, o qual declarou que o partido maximalista é instrumento da Alemanha, da qual recebe dinheiro; pois chefes são os principais culpados da decomposição russa e da derrocada do exército. Rússia maldiz os nomes. Quanto a Máximo Gorki declarou que é um notável escritor, mas, político cego e fraco, é sustentáculo dos maximalistas (Correio da Manhã, 5 de setembro de 1917).

O *Correio da Manhã*, jornal sediado no Rio de Janeiro, era conhecido pela linguagem violenta proferida em suas matérias contra aqueles a quem fazia oposição. O ocorria em relação aos bolcheviques, que naquele momento lutavam contra Kerensky e pediam a saída da Rússia da guerra.

À medida que o partido bolchevique ia crescendo no seio da classe operária e entre os camponeses, o governo de Kerensky ficava cada vez mais isolado (as causas do isolamento já foram debatidas aqui), havendo uma dualidade de poderes entre os sovietes e o governo provisório. O mês de outubro representou a maior crise do governo provisório e, aproveitando a situação, os bolcheviques intensificaram as denúncias sobre o simulacro do governo. No entanto, os jornais brasileiros elevaram o tom de voz contra o partido de Lênin dizendo que,

> Os despachos de ontem recebidos referem a prisão de Lênin por ordem do governo russo, Lênin, como é sabido,

---

[25] É bom lembrar que a acusação de que Lênin era agente do Kaiser alemão não foi invenção dos jornais brasileiros, mas do próprio governo provisório, que em julho usou como desculpa para perseguir as lideranças bolcheviques, onde alguns foram presos e outros fugiram.

> foi denunciado publicamente como agente a soldo da Alemanha.
>
> É ele o chefe dos "bolcheviques", desse partido anarquista e extremista que inscreveu à testa de e seu irrealizável programa a repartição dos bens e a supressão da riqueza.
>
> Jornalistas atribuem a este homem maldoso uma origem judaica-alemã e emprestam-lhe os nomes de Goldberg e Zederblun. É um erro, Lênin, de seu verdadeiro nome, é Vladmir Ulianov, é um gentil-homem originário de pekov.
>
> É um doutrinário obtuso, obstinado, retilíneo, altercador, pregador de transtornos gerais. O que lhe interessa é demolir. A reconstrução da sociedade da sociedade futura preocupa-o, no fundo, muito menos (A Época, 1º de outubro de 1917).

Essa matéria deixa claro o recorte classista dos grandes jornais brasileiros e a quem eles representam, pois a reportagem explicita que a hostilidade foi, acima de tudo, contra o programa socializante dos meios de produção que os bolcheviques defendiam nas *Teses de Abril,* o que apavorou a burguesia do mundo, e no Brasil não era diferente.

Uma vez derrubado o governo provisório e substituído pelos bolcheviques e seu programa socialista, a imprensa brasileira, em tom fúnebre, começou a noticiar um dia após a queda. O jornal *O País* publicou um artigo intitulado *Desastre Moscovita* e atacou a Revolução de Outubro assim:

> A cidade tornou-se ontem, à tarde, de uma inesperada sensação. A notícia da vitória da anarquia russa sobre a ação enérgica e destemerosa do grande kerensky abateu o ânimo popular, tão habituado estava à bravura com que o grande ditador dominava os mais sérios e grandes levantes contra a situação que recompondo a Rússia moderna sobre os escombros do czarismo asfixiante, libertando-a a um tempo da embriaguez da liberdade súbita, após a secular cativeiro das consciências na Rússia e o castigo do degredo contra os liberais que ousaram até um simples gesto de revolta. Kerensky deposto e os maximalistas senhores do poder. A primeira preocupação dos triunfadores é propor imediatamente a paz com os impérios centrais.

E mais:

> Mas a hidra tinha tantas cabeças que um só homem era materialmente impossível de domina-a. Acabou com um golpe de sovietes de soldados e operários que depôs Kerensky e agora suplica a Alemanha uma paz humilhante, inspirada na covardia fatal de uma nação desagregada em pedaços e que de fato há muitos meses que não passa de uma simples expressão geográfica da Europa (7 de novembro de 1917).

A tônica das notícias sobre o Outubro Russo na grande imprensa brasileira foi extremamente negativa, como já comentamos. No entanto, não foram apenas os jornais que estavam a serviço do capitalismo que deram a sua contribuição para negativar e propagandear o "desastre" russo; os jornais progressistas, como *A Razão*, também deram sua contribuição:

> A anarquia explorada na Rússia pelo maquiavelismo prussiano acaba de expressa- em atos que terão talvez grandes alcance na Europa, se porventura o vagalhão revolucionário que se desdobra sobre o colosso moscovita conseguir dominar e afogar o bom senso político da coletividade daquele país.

> A paz do conselho de operários e soldados quer propor, imediatamente, em nome da Rússia à Alemanha, Áustria e seus respectivos aliados, como à Turquia e à Bulgária, é uma paz que se reveste de um clarão de alvorada, mas do negror de uma noite que não terá na pátria russa, por isso que o espírito da traição é o único que domina (A Razão, 1917 *apud* Bandeira, 1980, p. 104).

De modo geral, a imprensa operária no Brasil foi severamente restringida pelo estado de sítio imposto após a entrada do país na Primeira Guerra Mundial, e por isso é difícil encontrar jornais de filiação operária em 1917. Entretanto, o jornal *A Razão* era simpático à questão socialista[26] e trazia diariamente a luta dos trabalhadores contra as formas de exploração, mas, mesmo assim, fez uma campanha anti-bolchevique, mostrando que, mesmo dentro da esquerda, havia um anticomunismo que nascera com a ascensão dos bolcheviques ao poder na Rússia.

---

[26] Este jornal era sediado no Rio de Janeiro, ligado aos trabalhistas cariocas e, de modo geral, defendia o socialismo, porém sem romper com o capitalismo. A concepção era de galgar conquistas graduais para a classe trabalhadora, ou seja, essa visão de socialismo não via contradição inconciliável de capital e trabalho. Para conhecer a concepção das linhas editoriais desse jornal, ver: SODRÉ, Nelson Werneck. *História da imprensa no Brasil*. Rio de Janeiro: Graal, 1977.

Neste sentido, essa propagação negativa da revolução socialista no Brasil e no mundo criou uma histeria enorme dentro da sociedade brasileira, desdobrando-se em toda a história da República, na qual tiveram momentos em que o comunismo foi usado como justificativa para ruptura institucional e, posteriormente, para a implementação ditaduras prolongadas. Visto que o anticomunismo, alimentado pelo embate ideológico, era a força ideológica perante a classe média, o anticomunismo e, o embate, ao mesmo tempo, justificando até ditaduras policiais, como foi o caso do Estado Novo e da Ditadura Militar[27].

Na tese de *Rodrigo Patto Sá Motta* (2000) ele investiga as raízes desse anticomunismo e como este foi construído, argumentando que:

> O grau e a forma comprometimento dos jornais com o anticomunismo causaram impacto considerável sobre a sociedade, ao mesmo tempo em que pode revelar seu estado de ânimo, embora não se possa adotar posição ingênua de considerar os jornais como espelho fiel da opinião popular.

> Não se deve esquecer, claro, a existência da fatores que relativizam a força da imprensa sobre o público, como a ocorrência de clivagens internas na estrutura social e o alto grau de analfabetismo. Mas, mesmo feitas as necessárias ressalvas, os jornais seguem sendo instrumento poderoso de pressão, no mínimo influindo para a formação das ideias das classes médias e superior (p. 14).

Portanto, a queda do governo provisório na Rússia mexeu com os sentimentos, paixões e sonhos de toda a humanidade, ou pelo menos a

---

[27] O interessante nesses dois golpes de Estado foi que, em nenhum deles, os comunistas tinham sido um perigo iminente para romper com a ordem socioeconômica. Seja a "Intentona Comunista" de 1935, que posteriormente, o fracasso da intentona comunista foi usado por Getúlio Vargas e seu grupo como ponta de lança para justificar, perante uma ala da sociedade brasileira, que o único "remédio" para combater o comunismo era a ditadura e a supressão das liberdades. Já o Golpe de 1964 teve também como ponta de lança o anticomunismo, sendo associado ao governo de João Goulart por meio de propaganda ostensiva da grande imprensa e de parte da sociedade civil. Sendo criado até um instituto de pesquisa, chamado IPES, que era patrocinado pelos capitalistas nacionais e internacionais, pois ficava a cargo de patrocinar estudos antimarxistas e esquerda no geral. Para esses empresários, era necessário primeiro preparar a opinião pública para depois romper com a ordem institucional. Em suma, os comunistas, representados pelo PCB, não faziam a leitura de uma revolução socialista para aquela conjuntura na qual estavam inseridos, dado que segundo essa leitura, o PCB deveria apoiar uma revolução por etapas: apoiar o desenvolvimento das formas produtivas, aliando-se a uma burguesia nacional e, posteriormente, romper e quebrar a ordem capitalista. Os golpistas sabiam que os comunistas não queriam levar a revolução para o Brasil, no entanto, usaram o acirramento da Guerra Fria, a crise econômica que estava havendo no país, aliados a uma ascensão enorme dos movimentos sociais e sindicatos para construir, entre a classe, uma histeria anticomunista.

maioria. Do lado capitalista, a sociedade burguesa produziu uma militância gigantesca para barrar o câncer do comunismo (era assim que o comunismo era denominado no mundo). O combate ao comunismo criou raízes fanáticas a ponto de, em muitos lugares, termos experiências humanas limites, tudo com o pretexto de se combater o mal maior para civilização ocidental. Isso ocorreu no Brasil e no mundo.

Já por outro lado, o comunismo também foi porta do sonho de muitos trabalhadores, movimentos sociais e partidos políticos, principalmente aqueles que tinham como nomenclatura o comunismo (Pcs). Destarte, muitas pessoas no Brasil e no mundo, viram no comunismo uma causa digna de devoção e uma total dedicação em construir uma nova sociedade, longe de quaisquer formas de exploração do homem pelo homem, de maneira solidária e fraternal.

Como já mostramos, as primeiras imagens da Revolução Russa no Brasil passaram pela ojeriza das elites econômicas, por meio da grande imprensa da época, a principal formadora de opinião das elites e da classe média brasileiras (uma vez que a maioria da população não tinha acesso à informação pelo simples fato de não serem alfabetizadas). Por outro lado, as entidades de classes subalternas também reagiram à propaganda burguesa sobre a Revolução Russa, como demonstraremos no decorrer deste capítulo.

2.3 A situação da classe trabalhadora

Já o que concerne à classe trabalhadora dos principais centros de desenvolvimento industriais no Brasil, não apresentou melhoria na vida dos trabalhadores, posto que, sob o jugo do capitalismo de face liberal oligárquico e sem nenhum tipo de legislação trabalhista, eles viviam na penúria da exploração, em condições humanas mais precárias, tanto no âmbito pessoal quanto no profissional, dentro dos locais de trabalho e nos lares que habitavam.

Essas condições em que o operário estava na República Velha eram motivo de constante denúncia dos jornais operários. Agora, recuaremos o nosso recorte temporal proposto nesse texto para demonstrar qual era a situação da classe trabalhadora brasileira em seus respectivos locais de trabalho.

O jornal *A terra Livre*, fundado pelo anarquista português Nena Vasco[28], publicou uma matéria com o título *Os Presídios Industriais-*Fábrica do Ipiranguinha, sobre a situação dos operários de uma fábrica de tecidos em Ipiranguinha, São Paulo. Vejamos a seguir o que diz a matéria sobre as condições de trabalho e salário dos operários:

> A tecelagem é uma sala com 4 janelas e 150 operários. O salário é por obra. No começo da fábrica, os tecelões ganhavam em média 170$000 réis mensais. Mais tarde não conseguiam ganhar mais 90$000; pelo último rebaixamento, a média era de 70$000! Se a vida fosse barata! Mas as casas que a fábrica aluga, com dois quartos e cozinha, são a 20$000 réis por mês; as outras são de regra 25$ a 35$ réis. Quanto os gêneros de primeira necessidade, em regra custam mais do que em São Paulo. E há muito pior. Os armazéns da fábrica levam mais caro ainda do que fora, e desconta no salário a despesa feita durante o mês. Às vezes o salário fila todo! Se por isso o operário precisa de dinheiro para pagar a casa, a fábrica empresta-lhe, ficando com um credito o futuro salário. Este engenhoso sistema de exploração múltipla, com a casa, com a venda de gêneros e com oficina, - quase toda exploração burguesa reunida – iremos encontrá-las noutras penitenciarias industriais e agrícolas desse abençoado País (A terra Livre *apud* Carone, 1979, p. 51-52).

Essa matéria que acabamos de citar, demonstra como os salários dos operários decaíram no decorrer do tempo, já que era comum nas indústrias da época do capitalismo liberal oligárquico, os salários serem de acordo com a força do mercado de trabalho estabelecida pelos empregadores, uma vez que não havia nenhum tipo de regulação que exigisse que o patrão pagasse um salário mínimo por categoria ou setores da economia (Simão, 1966). Para além disso, havia uma demanda muito grande de trabalhadores desempregados que ajudavam a depreciar os salários dos operários, e consequentemente as condições de vida materiais serem as piores possíveis.

No entanto, as condições miseráveis que o sistema econômico brasileiro impunha aos operários urbanos e trabalhadores em geral "obrigavam" os seus filhos e as mulheres a trabalharem nas indústrias para

---

[28] Advogado e jornalista, nasceu em Portugal (1878-1920). Viveu no Brasil uma boa parte da vida. militante das causas operárias, fundou o jornal *A terra Livre*, do qual era editor e para o qual escrevia. Teve uma vida militante bastante agitada, pois participou de várias greves de diversas categorias.

amenizar a situação miserável que se passava nos lares dos milhares de operárias, ou seja, muitas famílias operárias trabalhavam: pai, mãe e os filhos ainda menores.

O fato era que a situação tanto das mulheres como das crianças não era nada confortável, como relata o industrial Jorge Street em uma palestra sobre a legislação trabalhista, em 1934, dizendo que,

> Havia entre nós no entanto, incontestavelmente, abusos e injustiça contra crianças, mulheres e mesmo operários homens, no que diz respeito a idade e admissão, de horário e do salário principalmente. E sabeis que falo com a experiência própria, por que durante 35 anos dirigi fábricas com milhares de operários e sei bem o que vos digo. Confesso que trabalhei com crianças de 10 ou 12 anos e talvez menos, por que nesses casos, os próprios pais enganavam. O horário normal era de 10 horas, e quando necessário, 11 ou 12 horas. O que vos dizer das mulheres gravidas que trabalhavam até a véspera, que vos dizer? (Jorge Street, 1934 *apud* Carone, 1972, p. 80).

Esses relatos da situação dos operários, suas respectivas mulheres e filhos eram comuns no início da República, a ponto de o industrial Jorge Street admitir, mesmo que com meias verdades, a exploração de mulheres e crianças nas suas próprias indústrias. Outro ponto que chamou atenção em sua palestra foi sua própria denúncia, em 1934, da falta de legislação trabalhista e a opressão que os trabalhadores sofriam. Em 1934, já sob o governo provisório de Getúlio Vargas,[29] estava avançado o debate da proteção aos trabalhadores por meio de uma legislação que atendesse às camadas urbanas.

Os baixíssimos salários dos trabalhadores em geral e o alto custo de vida refletem na qualidade de moradia que uma família operária era obrigada a suportar, nas condições mais insalubres possíveis, levando milhares de famílias a serem despejadas pelo alto custo dos aluguéis cobrados nas cidades.

O jornal *A Battaglia* fez uma denúncia contra as condições precárias de moradia da classe trabalhadora e chegou à conclusão que, ao comparar com a Europa, não era nenhum exemplo de padrão de vida operária, mas,

---

[29] O livro que trata bem sobre o debate da legislação trabalhista brasileira no governo de Getúlio Vargas é *"A invenção do trabalhismc"*, de Ângela de Castro Gomes (1994). Nessa obra, a autora analisa o desenvolvimento do debate sobre as questões trabalhistas no governo Vargas.

> Na Europa [...] toda família operária tem a sua modesta casinha (alugada, se entende) composta de, pelo menos, três cômodos feitos de pedras ou de tijolos, coberta por um sólido teto, discretamente limpa e arejada, por cujas paredes não entram, inoportunamente, ar, chuva ou vento. Aqui, nas várzeas do Brás, do Cambuci, da barra funda, do Bom retiro e nos bairros populares, se comprime na mais horrível promiscuidade de sexos e de idade, um gado humano no meio do qual não se descobrem mais distinção de família, nacionalidade ou de raça [...] Um montão de lama e de podridão, um imundo pardieiro caindo aos pedaços, através de cujas paredes e tapumes, porcos, cabras e cavalos enfiam a cabeça para dentro, para ver quem come e quem dorme. Eis o confortável palacete destes párias modernos [...] que não se diga que estamos caluniando o Brasil. Não. Nós expomos simplesmente a realidade dolorosa que gostaríamos de ver apagada, para sempre, da história desse país (A Battaglia *apud* Pinheiro; Hall, 1981, p. 53).

O que piorou a situação da classe operária foi a eclosão da Primeira Guerra Mundial nos principais países que demandavam os produtos brasileiros, sobretudo o café, o que causou uma drástica diminuição da demanda internacional. Além disso, a escassez dos produtos alimentícios que o Brasil não produzia dificultou o acesso da classe trabalhadora a esses gêneros, devido à baixa oferta no mercado brasileiro.

Assim, a classe trabalhadora teve que se debater com o desemprego, baixos salários e a carestia do custo de vida. Ainda segundo Boris Fausto (1977b), o aumento inflacionário dos gêneros alimentícios produzidos internamente foi ocasionado pela demanda dos países beligerantes, que fez com que o país exportasse mais e refletisse no consumo interno, aumentando drasticamente e encarecendo o custo de vida da classe trabalhadora.

Na conjuntura de 1917, o movimento operário estava mobilizando atos e protestos contra a carestia de vida que atingira os lares dos trabalhadores e contra o desemprego, que agravava ainda mais a situação de vida dos subalternos. No Rio de Janeiro, por exemplo, a federação operária fez uma convocatória, incentivando os trabalhadores a lutar contra as suas condições de vida:

> É preciso que classe operária desperte que cessem as reclamações entre paredes dos quatros, em que famílias de certos operários vivem em dolorosa promiscuidade.

> O trabalho falta, no entanto estão vazios e precisando de braços. Por que o governo não oferece a quem precisa e quer trabalhar com honra? Peçamos terra ao governo.
>
> A situação é insustentável: alta dos gêneros de primeira necessidade chegou a ponto do quilo de carne seca, que custava 700 réis, estar 1$900 réis. Carne verde de 700 réis, passando 1$100 réis (A Razão, 15 janeiro de 1917).

Em suma, as consequências da guerra foram terríveis para a classe trabalhadora, sobretudo no que tange às condições de vida, que pioraram drasticamente. Além disso, o conflito mundial justificou a repressão contra o movimento operário e suas organizações – partidos, sindicatos, associações e a imprensa –, potencializando ainda mais a repressão após a entrada do país na guerra.

O governo brasileiro declarou estado de sítio e, com isso, não tolera nenhuma "perturbação" interna, já que, segundo a propaganda oficial, todos os brasileiros deveriam se unir para lutar contra os alemães. Segundo Dulles (1973, p. 62), nos primeiros meses após a declaração de guerra do Brasil à Alemanha houve um declínio no movimento operário devido à repressão, que "fechou diversas outras organizações trabalhistas, descrevendo a federação operária do Rio de janeiro, que já havia fechado junho, como um antro anarquista".

Boa parte do movimento operário era contrário à eclosão do conflito mundial, posto que, em agosto 1914, muitas associações operárias, sobretudo de orientação anarquista, marcaram um comício em São Paulo para repudiar o conflito mundial. Everardo Dias, presente naquele momento, relembra em suas memórias das dificuldades para realizar o comício,

> Mesmo assim, o comício é levado a efeito, num ambiente carregado de ameaças e violências e sob uma onda de soldados armados de fuzil, postados nas adjacências à praça da Sé. Os oradores são aplaudidos calorosamente pela multidão, que depois rompe os cordões policiais e percorre as ruas do centro, dando vivas e fraternidades dos povos, e levando grandes dísticos: "abaixo a guerra", "abaixo sangueira provocada pelo capitalismo", paz entre nós, combate aos imperialistas" (Dias, 1977, p. 286).

No primeiro de maio de 1915, foi realizado também um comício contra a guerra, contando com a presença do líder anarquista Edgar Louenroth, clamando o fim da guerra e da exploração capitalista. Já no Rio de

Janeiro, houve um comício em protesto contra a guerra, numa tentativa, por partes dos oradores de desmistificar a justificativa patriótica da guerra que o governo brasileiro promovia, posto que o governo queria impetrar passividade dentro do movimento operário, mas o tom do comício tinha como objetivo principal clamar paz internacional (Dias, 1977).

2.4 A greve geral de 1917

A questão social e os seus conflitos entre capital e trabalho sempre estiveram presentes nos primeiros anos da República[30]. Em 1917, o país foi tomado por uma greve geral nunca vista antes. Os trabalhadores pararam o país, ou, ao menos, sua maior parte, para protestar contra o custo de vida e o desemprego que assolava o país, que se intensificou durante a eclosão da Primeira Guerra Mundial e a entrada do Brasil nela. Dado que nem os apelos patrióticos nem a repressão governamental foram suficientes para acalmar a insatisfação da classe trabalhadora.

As lideranças operárias impediram que, em julho de 1917, houvesse uma "explosão" iniciada em São Paulo devido à promessa não atendida de aumento salarial de 20% dos trabalhadores da fábrica de tecidos Cotonifício Crespi, situada no bairro da Móoca. Por isso, os operários entraram em greve, que teve a solidariedade dos trabalhadores da fábrica de bebidas Antártica e, poucos dias depois, várias outras empresas pararam de funcionar. Em 12 de julho, a paralisação já contava com 15 mil trabalhadores.

O Estado respondeu à greve com repressão, prendendo manifestantes e lideranças operárias, principalmente estrangeiras. A morte de um operário em São Paulo ocasionou a comoção e revolta entre os trabalhadores, reunindo uma multidão em seu funeral, pois ele morreu reivindicando dignidade mínima[31]. Portanto, a greve tomou ares em todo o estado de São Paulo e se alastrou pelo Brasil.

---

[30] Durante os primeiros anos da República, antes de 1917, houve vários conflitos urbanos envolvendo capital e trabalho, nos quais os trabalhadores empreenderam várias lutas contra a exploração e o desemprego, agindo de diversas maneiras, desde sabotagem nas empresas e nos transportes coletivos, como trabalhadores se organizando e declarando greve contra os seus patrões. Há uma literatura vasta que trata da temática, porém elencaremos algumas como: RODRIGUES, Leôncio Martins. *Conflito industrial e sindicalismo no Brasil*. São Paulo: Difel, 1966; FAUSTO, Boris. *Trabalho urbano e conflito social (1890-1920)*. São Paulo: Difel, 1977b. DIAS, Everardo. *História das lutas sociais no Brasil*. São Paulo: Alfa-Omêga, 1977; SIMÃO, Azis. *Sindicato e estado*: suas relações na formação do proletariado de São Paulo. São Paulo: Dominus, 1966.

[31] Em uma entrevista dada no Jornal *O Estado de São Paulo* em 1966, Edgar Louenroth, árduo ativista na Greve Geral, esteve no funeral do trabalhador assassinado em São Paulo, lembra desse triste episódio e como ele insuflou ao ponto que, "caracterizou-se como um violento impacto emocional, sacudindo todas as energias" (27/03/1966).

Poucos dias depois da eclosão da greve, o comitê de defesa proletária, composto por entidades de trabalhadores, como associações, imprensa, sindicatos e partidos socialistas, lançou um manifesto com diversas reivindicações que transcendiam as questões imediatas, como a carestia de vida e o aumento salarial. Reivindicavam também a liberdade política e o direito de associação, como foi reproduzido em muitos jornais da época, sendo um desses jornais *A Plebe*, que publicou o manifesto com o título *O que Reclamam os Operários*.

1.º – Que sejam postas em liberdade todas as pessoas detidas por motivos de greve;

2.º – Que seja respeitado do modo mais absoluto o direito de associação para os trabalhadores;

3.º– Que nenhum operário seja dispensado por haver participado ativa e ostensivamente no movimento grevista;

4.º – Que seja abolida de fato a exploração do trabalho dos menores de 14 anos nas fábricas, oficinas, etc.;

5.º – Que os trabalhadores com menos de 18 anos não sejam ocupados em trabalhos noturnos;

6.º – Que seja abolida o trabalho noturno das mulheres;

7.º – Aumento de 35% nos salários inferiores a 5$000 e de 25% para os mais elevados;

8.º – Que o pagamento dos salários seja efetuados pontualmente, cada 15 dias e, o mais tardar, cinco dias após o vencimento;

9.º – Que seja garantido aos operários trabalho permanente;

10.º – jornada de oito horas de trabalho e semana inglesa;

11.º – Aumento de 50% em todo o trabalho extraordinário (21 de julho de 1917).

Os três primeiros pontos do manifesto defendido pelo comitê de defesa proletária trazem a reclamação da questão da repressão do Estado brasileiro em relação às liberdades políticas da classe trabalhadora, como o direito de se organizar livremente, sem a repressão usual da polícia, e exigem a liberdade de todos aqueles que foram presos na greve. Esses operários presos eram as lideranças mais esclarecidas do movimento grevista, aqueles que tinham como ideologia o anarquismo ou o socialismo. Sendo assim, a greve, que começou pelas pautas econômicas, foi ganhando ares políticos, como liberdade de expressão e organização[32].

A Greve Geral que começou em São Paulo em pouco tempo se espalhou por todo o Brasil tendo dimensão nacional e trouxe, essencialmente entre os trabalhadores os mesmos problemas que fizeram eclodir a greve em São Paulo, como também no manifesto da defesa proletária, claro que com algumas especificidades de cada região do país.

Em Pernambuco, quase dois meses depois da eclosão do movimento grevista em São Paulo e mais de um mês do Rio de Janeiro, foi a vez da região do nordeste, na qual havia o quinto maior número de operários. No entanto, o governo do Estado estava receoso com a onda de greve que se espalhava pelo Brasil. O jornal *A Província*[33] publicou um artigo em sua seção *O movimento Operário*, chamando a atenção dos trabalhadores para que fizessem uma greve que pararia Pernambuco pelos motivos:

> Ela virá inevitavelmente. A greve paulista sintomática a mais, da situação precária do operariado brasileiro. Não foi um movimento local, uma reação circunscrita...

> [...] uma coisa, desde já, acentuamos bem: a greve operária repercutirá fatalmente no norte. Em ondas crespas ou mansas, sem as tonalidades alucinadoras do fermento anarquistas que de resto não faz adeptos entre nós (29 de julho de 1917).

O fato é que não demorou muito para os operários pernambucanos encamparem uma greve geral no estado, posto que os efeitos da carestia

---

[32] Rosa Luxemburgo (2005), que polemiza com muitas lideranças do movimento socialista internacional acerca do caráter de uma greve, diferente de Lênin, que distingue greve econômica e a greve política, vai no contra-argumento de que toda greve econômica, por mais que seja pelas necessidades mais básicas, pode também se tornar uma greve política. Isso ocorre pois, a repressão do Estado burguês na dinâmica da luta de classes numa greve, pode mostrar aos trabalhadores que as questões podem ser para além dos anseios imediatos. Nesse caso, a greve geral do Brasil de 1917 corrobora com as teses de Rosa Luxemburgo (2005) encontradas em *Greve de massa, partido e sindicatos (1906)*.

[33] Esse jornal não tinha nenhuma ligação orgânica com o movimento operário pernambucano ou mesmo com o movimento socialista, já que essa "seção operária" era para canalizar uma oposição ao governo do estado, chefiado por Manoel Borba e sua oligarquia. Assim, era ligado à oposição ao governo de Manoel Borba na pessoa do general Emídio Dantas Barreto. Nesse sentido, tal jornal "dantista" (nome dado aos partidários de Dantas Barreto) fazia uma oposição de todas as formas ao governo e, por isso, abriu espaço para as notícias da greve, tendo como fim desgastar o governo de Manoel Borba.

de vida chegaram aos lares das famílias operárias, e a letargia do poder público, juntamente com a gana dos capitalistas em acumular ainda mais capital, agia em detrimento dos trabalhadores, visto que os patrões não davam aumento salarial.

Em 15 de agosto, várias entidades sindicais promovem um grande comício na Praça da Independência (centro do Recife), denunciando a Confederação Operária de Pernambuco pela sua conciliação com as autoridades, acusada de frear uma greve geral e também as reivindicações básicas, que tinham muito em comum com as reivindicações que o comitê de defesa proletário lançou. No entanto, no mesmo dia do comício, a os operários da Cory Brotheres pararam suas atividades, reivindicando aumento salarial. O jornal *A Província* entrevista um contramestre da empresa, chamado Valério dos Santos, em que ele faz a seguinte declaração:

> Nós há tempos que trabalhamos como calefetes da casa Cory Brothers, com diárias uma diária de 5$000.
>
> Atualmente, porém a carestia de vida, não podemos continuar a receber essa mesma diária.
>
> Por isso recorremos ao chefe daquela firma, a quem podemos a nossa reclamação, pedindo aumento de salário. Ele no entanto, não atendeu, naturalmente porque não achou justo o nosso pedido (A província, 1917 *apud* Moreira, 2005, p. 50).

Essa greve desencadeou várias outras greves no estado de Pernambuco. A segunda, no final de agosto, foi deflagrada na fábrica de tecidos de Paulista, e, horas depois, o sindicato da construção civil também aderiu à greve. Portanto, diversas categorias abraçaram o movimento grevista que se unificaram para lançar um boletim no dia 1º de setembro, pedindo que o governador do Estado tomasse providências contra a situação difícil dos trabalhadores. Os trabalhadores do comércio também se juntaram aos grevistas para lutar contra a situação precária, como foi reproduzido no Jornal *A Província:*

> AOS EMPREGADOS DO COMÉRCIO E ÀS CLASSES OPERÁRIAS
>
> Em vista do Sr. Governador do Estado não ter tomado nenhuma providência contra a carestia de vida conforme tem prometido, e estarmos fartos de esperar pelas suas promessas vãs, convidamos os empregados do comércio,

> as classes operárias e o povo em geral para tomar parte em um grande meeting a se realizar no próximo domingo na praça da independência, a fim de protestamos contra a carestia de vida, e pedimos o fechamento às 18 horas.
>
> Companheiros, sejamos unidos !!! a união faz a força !!
>
> Viva a greve!
>
> Viva a liberdade! (1º de setembro de 1917).

No início do mês de setembro, a greve geral tem a maior adesão entre as categorias de operárias, como sindicatos de vários ofícios: "sociedade dos marceneiros, associação dos artistas civis, sociedade dos carpinteiros, algumas oficinas de calçados" (Moreira, 2005, p. 53).

O governo de Pernambuco monta verdadeiras barricadas para reprimir o movimento grevista na rua e também investe nas sedes dos sindicatos e na prisão de várias lideranças operárias. Para justificar a sua ação repressora, o governo do estado, por meio do chefe da polícia, publica uma violenta nota contra o movimento grevista e suas lideranças. Nessa nota, o governo explica o porquê de os operários terem entrado em greve:

> O governo acha-se a corrente de continuas insinuações, ora veladas, ora, pronunciamente clara dos que desnorteiam a classe operária desviando-a criminosamente e do seus afazeres e que é alvo de grupos de perturbar a ordem e trazer o destarte o sobressalto da família pernambucana. O expediente da cabalada invade as fábricas e ramifica as oficinas impressionando dos operários, que sugestionados pelo irrefletido grupo, abandonam o trabalho quotidiano para se entregarem aos desvairados, nas ruas em busca de promessa. E é claro que essa atitude importa flagrantemente numa contraversão punível (Diário de Pernambuco, 6 de setembro de 1917).

A nota violenta do representante do governo do estado, publicado no jornal de grande circulação em Pernambuco,[34] denota como o governo tratou as questões socais mais elementares para a classe trabalhadora, pois o trecho da nota trata aqueles operários mais esclarecidos como criminosos, visto que eles perturbam a ordem "natural" e o bom convívio

---

[34] O jornal Diário de Pernambuco fazia parte da chamada grande imprensa e tinha no governo de Manoel Borba uma simpatia.

da sociedade pernambucana. Por isso, é inevitável que o estado como um guardião da ordem, não tome medidas mais eficazes para debelar as ações dos que querem corromper os operários. A nota minimiza a situação da classe trabalhadora, posto que essencialmente o que ocasionou as revoltas traduzidas em greves sucessivas foi a carestia de vida.

Portanto, mesmo com os ataques, tanto repressivo como na propaganda caluniosa, não conseguiram nada do governo do estado, os grevistas não cederam e continuaram o movimento, que se difundiu por todo o estado, somando-se à mobilização que eclodiu no estado de São Paulo e que, em poucos dias conseguiu se expandir nacionalmente.

Há dois pontos que queríamos destacar sobre a Greve Geral, ocorrida em 1917: O primeiro é sobre o caráter do movimento grevista. O segundo, sobre as possíveis repercussões da Revolução de Fevereiro, ocorrida em 8 de março, no Brasil, na Rússia.

Primeiramente, a Greve Geral não teve uma preparação organizativa nos moldes clássicos, como houve em outras grandes greves pelo mundo, como foi, por exemplo, na Alemanha, em que os trabalhadores tinham um nível de organização maior do que no Brasil. Entretanto, não podemos caracterizar a Greve Geral de 1917 como algo unicamente espontâneo, advindo de um surto de revolta das classes subalternas, em que houvesse uma total ausência de preparação ou direção por parte de um sindicato ou partido.

Contudo, devemos lembrar que havia, embora dispersa e ainda fraca, um nível mínimo de organização, capitaneado pelos centros de formação cultural de ideologia anarquista e, em menor escala, socialista, que combatiam a exploração do patronato. Nesse sentido, Boris Fausto (1976, p. 203) faz uma relativização às interpretações que tentam demonstrar que a greve foi uma explosão espontânea quando diz que "o espontaneísmo precisa ser melhor qualificado. A 'espontaneidade' pura só existe nos livros de contos de fadas, acerca do movimento e não da sua verdadeira história". Sendo assim, concordamos que, "os indícios crescentes de tensão se acumulam nos meses antecedentes, acompanhados de um visível esforço organizatório, apesar dos limites" (Fausto, 1976, p. 203).

Já a Revolução Russa, aquele que derrubou o czar em março, também influenciou, em menor escala, o movimento grevista de 1917. Não queremos, aqui, igualar os fatores internos – a situação de penúria e repressão que a classe trabalhadora sofria – com as notícias da queda do czar e das manifestações dos trabalhadores russos, como algo igualmente determinante para a Greve Geral no Brasil. No entanto, os jornais operários traziam notícias que eram compartilhadas e debatidas sobre o tema com os operários menos politizados em associações, clubes, sindicatos e partidos socialistas.

Um desses jornais que nasceu do processo da Greve Geral foi *A Plebe*, jornal anarquista que teve como Fundador Edgar Louenroth. Esse jornal estampou em sua capa uma reportagem com o seguinte título: "Rússia se trabalha apenas 6 horas" (16/06/1917)[35]. Eram essas informações que os operários organizados e conscientes propagavam entre outros trabalhadores. Em suma, o levante de operários e camponeses na Rússia encontrou ressonâncias na situação miserável dos trabalhadores brasileiros, já que "é notável a quantidade de informações trocadas imigrantes e o movimento operário internacional. O perfeito entrosamento com os acontecimentos mundiais foi possível graças à atividade constantes dos centros culturais que se formaram em cada associação" (Ferreira, 1978, p. 65).

2.5 Os ecos revolucionários russo no Brasil: Caminhos e travessias na vida e militância de Astrojildo Pereira, Edgar Leuenroth e Octávio Brandão

A receptividade do evento ocorrido nas estepes russas em outubro de 1917, no pensamento e na ação dos militantes brasileiros, foi inegável, independentemente da concepção filosófica ou política à qual pertenciam, posto que a Revolução Russa foi um catalisador das esperanças do princípio do fim do regime capitalista no mundo, pelo menos aquelas correntes ideológicas mais antagonistas à ordem estabelecida.

Nesse sentido, iremos analisar a trajetória de três importantes militantes, que foram bastantes ativos na luta da classe operária, participando da primeira Greve Geral de 1917, do levante anarquista de 1918 e das grandes greves de 1919. Esses militantes são Astrojildo Pereira, Edgar Louenroth e Octávio Brandão.[36] (Haveria bem mais militantes para serem analisados nos impactos de outubro no pensamento e na prática política,

---

[35] Na verdade, as seis horas diárias reivindicadas pelos operários russos só foram implantadas de fato na Revolução de Outubro. Assim, não estava correta essa notícia da *A Plebe*, embora seja verdade que a reivindicação de seis horas diárias tenha sido feita pelos sovietes das cidades.

[36] Na verdade, Octávio Brandão não participou ativamente da Greve Geral em 1917 e nem da insurreição anarquista, pois estava em Alagoas, sua terra Natal.

no entanto fazer isso foge ao objetivo deste texto, e também não cabe ao espaço. Então, escolhemos esses três destacados militantes).

Nessa perspectiva, debateremos, a seguir, de que forma esses militantes recepcionaram a Revolução Russa, uma vez que acolhida teve interpretações diferentes, de acordo com a formação ideológica de cada militante. Abordaremos quais foram os rumos tomados por esses militantes, isto é, como passaram a agir como forma de luta contra o Estado capitalista liberal brasileiro.

Astrojildo Pereira Duarte Silva nasceu em 1890, na cidade de Rio Bonito, no estado do Rio de Janeiro, filho de um produtor rural e comerciante. Acompanhou a política do país ainda muito jovem. Era republicano, entusiasta e participante das campanhas antimilitarista e civilista, além de ser partidário de Rui Barbosa. Em sua juventude, portanto, tinha uma concepção republicana liberal. Porém, a decepção com essa concepção republicana liberal veio, em primeiro lugar, pela derrota da campanha civilista, marcada por fraudes eleitorais. Em segundo lugar, talvez mais determinante para o jovem de Rio Bonito, foi a revolta da Chibata[37], na qual marinheiros, liderados por João Candido, dominaram vários navios e apontaram seus canhões para a cidade do Rio de Janeiro, pedindo o fim dos maus-tratos e castigos a que os marinheiros, principalmente os negros, sofriam.

O governo atendeu às reivindicações para que se resolvesse o problema e aos marinheiros, em contrapartida, exigiu que baixarem os canhões. No entanto, a promessa feita pelo governo brasileiro não foi cumprida, e os marinheiros foram novamente castigados e enviados às prisões. Seu líder, João Cândido, também sofreu as mesmas privações. Sendo assim, foi a duras penas que o futuro fundador do Partido Comunista do Brasil viu que o regime político brasileiro era excludente por excelência.

Quem fez uma excelente síntese dos motivos que levaram o nosso autor em questão ser um feroz crítico da ordem estabelecida foi o seu biógrafo, Martin Cezar Feijó, o qual apresenta que,

> Para Astrojildo Pereira, assim como para muitos idealistas, os acontecimentos e seus desdobramentos confirmavam uma tendência já manifestada no colégio e aguçada na campanha civilista: o seu antimilitarismo. Mas pior que a

---

[37] Para conhecer melhor essa revolta, consultar Marcos A. da Silva. Contra a chibata: marinheiros brasileiros em 1910. São Paulo, coleção "tudo é história".

descoberta das condições sub-humanas em que os marinheiros trabalhavam foram, para a desilusão definitiva do Estado burguês, as medidas que o governo de Hermes da Fonseca tomou a após o controle da situação (Feijó, 1985, p. 52).

A partir daí, ele adentrou nas lutas sociais do povo brasileiro, aderindo teoricamente ao anarquismo, lendo as teorias de Bakunin, Kropotin e Malestasta. Do mesmo modo, inseriu-se no movimento anarquista militantemente e participou na redação de vários jornais de cunho anarquista, ficando responsável por propagar as ideias anarquistas para a classe trabalhadora. Inseriu-se em várias greves, incluindo a maior até então, a de 1917.

Quando a Revolução Russa (março) eclodiu e entusiasmou o movimento operário mundial, Astrojildo, antenado com o movimento interno na Rússia, chegou a publicar uma matéria extremamente esclarecedora intitulada: *Sobre a Revolução Russa*. Nesse texto, mostra de forma acertada o que estava ocorrendo no governo provisório de Kerensky:

> Os dois núcleos orientadores do movimento, a Duma e o comitê de operários e soldados, este surgida da própria revolução, logo tomaram posições antagônicas, terminando o golpe demolidor. A Duma, vinda do antigo regime, pode-se dizer representa, em maioria, a burguesia moderada e democrática, ao passo que o comitê de operários e soldados, composto de operários, representa o proletário avançado, democrata, socialista e anarquista. A Duma deu o governo provisório e o primeiro ministério; o comitê de operários de operários e soldados derrubou o primeiro ministério, influiu poderosamente na formação do segundo e tem anulado quase por completo, se não de todo, a ação da Duma. Insignificante, sem nenhum peso, pelo menos até agora, o elemento reacionário e aristocrático, a situação russa tem que obedecer, na sua luta pela estabilização pública, as duas forças principais enfaixadas pelo proletariado socialista e anarquista e pela burguesia democrática e republicana. A qual das duas forças está destinada a preponderância na reorganização da russa? O que se pode afirmar com certeza é que essa preponderância tem cabido, até agora, ao proletariado (O Debate, 12 julho de 1917).

A leitura que Astrojildo faz da conjuntura da Rússia naquele exato momento é impressionante, visto que ele demonstra, nesse texto, que havia uma dualidade de poderes entre os operários e a Duma, esta última com um projeto burguês de sociedade. O fato é que, mesmo com informações escassas, advindas dos grandes jornais, que tinham uma linha editorial na defesa intransigente do governo de Kerensky, o jovem militante nos mostra uma análise dialética dos acontecimentos que estavam ocorrendo na Rússia. No mesmo texto, ele percebe que "é inútil é insistir na influência que tais acontecimentos exerceram no resto do mundo, na obra de reconstrução dos povos [...]" (O Debate, 12 de julho de 1917).

Já a Revolução de Outubro, com já discutimos no primeiro capítulo, foi alvo da hostilidade mais ferrenha das elites brasileiras, expressa nos editoriais dos grandes periódicos, com uma avalanche de informações negativas e, muitas vezes, falsas sobre o que estava ocorrendo na Rússia. Isso causou revolta em muitas dessas entidades de classe e lideranças operárias. Um deles foi Astrojildo Pereira, que adotou o pseudônimo Alex Pavel para conseguir espaço na grande imprensa, com objetivo de esclarecer o evento ocorrido na Rússia e denunciar os ataques destilados pelas elites brasileiras por meio da grande imprensa. Então, verificamos no jornal *A Razão*, o artigo do Alex Pavel que dizia assim:

> Jamais, jamais se viu na imprensa do Rio de Janeiro tão comovedora unanimidade de vistas e de palavras, como, neste instante, respeito da revolução russa. Infelizmente, tão comovedora quando deplorável, essa unanimidade, toda afinada pelas mesmíssimas cordas de ignorância, da mentira e da calúnia. Saudada quando rebentou e deu por terra com o czarismo dominante, a revolução russa é hoje objeto das maldições da nossa imprensa, que neles só vê fantasma da espionagem Alemã (25 de novembro de 1917).

Ainda no mesmo artigo, Astrojildo Pereira esclarece que o levante do outubro na Rússia foi uma revolução genuína e não um golpe de Estado, promovido pelos "maníacos" maximalistas, como acusavam os grandes jornais brasileiros. Veja como ele refuta a essa tese da grande imprensa:

> Como a revolução russa, ao contrário disso, tem tomado um caráter profundo, de verdadeira revolução, isto é de transformação violenta e radical de sistemas, de métodos e de organismos sociais, levada para diante aos empuxões, pelo povo, pela massa popular – eis que nossos jornais partem de um ponto de vista errado, supondo que o povo tem a mesma mentalidade do povo brasileiro de 89, que assistiu, "bestializado" (O Debate, 25 de novembro de 1917).

Foi com esse entusiasmo que Astrojildo escreveu contra todos os ataques que a Revolução Socialista sofria no Brasil. Entretanto, sua sintonia com a causa operária perpassava das linhas anteriores citadas, posto que o nosso autor em questão começa a estudar o processo da Revolução Russa e seus desdobramentos no mundo. Para além disso, como tantos outros militantes sociais, no Brasil e no mundo, a insurreição operária foi tomada de corações e mentes como um ponto de referência no que tange acreditarem na derrocada final do Estado capitalista.

Essa nova fase de luta foi expressa um ano depois da Revolução Soviética, já que Astrojildo, encabeçou junto com os anarquistas uma greve insurrecional no Rio de Janeiro com objetivo de derrubar o Estado[38]e estabelecer os "sovietes do Rio". Ou seja, uma ação que mostrava uma influência direta dos eventos corridos na Rússia.

Uma vez debelado pela polícia e com seus líderes presos, incluindo Astrojildo, a Revolução Russa vai operar outra guinada em seu pensamento, e ele se converte ao comunismo. Visto que um dos instrumentos desta Revolução foi o partido de vanguarda, organização férrea dentro do movimento operário e uma dianteira de intelectuais estudiosos da realidade sócio histórica, ele faz a leitura que a Revolução Russa respondeu melhor às expectativas das lutas sociais no Brasil, diferente das perspectivas dos anarquistas, como relata no livro chamado *A Formação do PCB*:

> As grandes greves e agitações de massas do período de 1917/1920 puseram a nu a incapacidade teórica, política e orgânica anarquismo para resolver todos os problemas de direção de um movimento revolucionário de envergadura histórica, quando a situação objetiva do país (em conexão com a situação mundial a criada pela guerra imperialista de 1914/1918 e pela vitória da revolução operária e camponesa na Rússia) abriria a perspectivas favoráveis a radicais transformações na ordem política s social (2002, p. 67).

Sendo assim, o fundador do Partido Comunista, além de ter sido impactado pela Revolução de Outubro, chegou a fazer uma guinada comunista e a se declarar leninista.

Outro militante que também foi profundamente impactado pela Revolução de Outubro, mas não seguiu o mesmo caminho de Astrojildo, foi o líder sindicalista revolucionário de descendência alemã, Edgar Leuenroth.

---

[38] Sabemos que a conspiração anarquista não tinha condições objetivas para derrubar o Estado, e muito menos para se alastrar por todo o Brasil. No entanto, iremos retornar mais detidamente na greve insurrecional do Rio de Janeiro para mostrar a sua sintonia com a Revolução Russa.

Filho de Waldemar Eugênio Leuenroth e Amélia de Oliveira Brito, Edgar Leuenroth nasceu em Mogi-Mirim e, aos cinco de idade, seus pais se mudaram para São Paulo. Diferente de Astrojildo, oriundo de uma família abastada, Edgar era de classe média trabalhadora: seu pai era médico-farmacêutico e sua mãe era dona de casa.

Ao se mudar para São Paulo, foi trabalhar logo cedo: aos 10 anos de idade no *Jornal do Comércio*, onde trabalhou por doze anos, sendo vários desses anos como tipógrafo, ofício que aprendeu no trabalho. Teve uma educação irregular, pois parte de seu aprendizado foi por meio do auto-didatismo, até aprender o ofício de jornalismo, profissão que exerceu pelo resto da vida.

O despertar para as questões sociais ocorreu muito cedo e coincidiu com seu primeiro emprego, aos 10 anos de idade. Além disso, foi influen-ciado pela situação dos operários em São Paulo. Começa a despertar a curiosidade pelas teorias que são antagônicas ao capitalismo, como, por exemplo, o socialismo. Em 1903, chega a participar do círculo socialista, mas logo desiste. Um ano depois, converte-se ao anarquismo, no qual se torna um árduo militante das causas operárias, fundando vários jornais operários[39] e tornando-se redator deles. Tinha a função de denunciara situação dos trabalhadores perante o capitalismo brasileiro e conscien-tizar a classe trabalhadora.

Esteve inserido no movimento operário por toda a vida, durante a Primeira República, como foi o caso da sua participação nos três con-gressos operários brasileiros, realizados, respectivamente, em 1906[40], em 1913, e em 1920. Esses congressos contaram com a presença de diversas associações de sindicatos operários para discutirem as formas de luta e diretrizes que o movimento operário deveria tomar.

---

[39] Foi redator de vários jornais anarquistas, como por exemplo: *Terra Livre (1906),, Folha do Povo (1908-1909)* e *A Lanterna (1906-1910)*. Além de publicar nos jornais, *A Guerra Social, Spartacus* e *A Luta Proletária*, além de fundar o jornal *A Plebe* em 1917, no desdobramento da greve geral.

[40] O Primeiro Congresso Operário Brasileiro foi um evento importante para o movimento operário, tendo sido o primeiro esforço de luta coordenada dos trabalhadores de várias partes do país. Nele, foi evidente a influência do sindicalismo revolucionário, teoria e prática que caracterizou grande parte do movimento sindical em várias partes do mundo naquele momento, com a defesa entusiasta da ação direta. No Brasil, a ação direta predominava no movimento operário de São Paulo e tinha também forte influência no movimento do Rio de Janeiro e em outras partes do país. Entretanto, há uma corrente historiográfica no Brasil que diz que essa resolução foi mais sindicalista que revolucionária, pois, para essa corrente, a resolução não toca uma linha sequer sobre a derrubada do Estado capitalista e a criação de uma sociedade futura. Ver: TOLEDO, Edilene. *Anarquismo e sindicalismo revolucionário*: trabalhadores e militantes em São Paulo na Primeira República. São Paulo: Fundação Perseu Abramo, 2004.

Dentro do movimento operário, foi um árduo militante na defesa do interesse da classe operária, participando de várias greves que lhe custaram sucessivas prisões. No entanto, foi na Greve Geral de 1917 que teve uma participação de destaque: foi um dos que redigiu o manifesto na defesa proletária, que continha várias reivindicações econômicas e políticas, e que lhe deu a acusação de ser o mentor intelectual da Greve Geral em São Paulo, acusação que negou.

Em mais uma entrevista concedida ao *Jornal Estado de São Paulo* em 1966, rememorando o acontecimento ele diz: "Isto, não, absolutamente não! A greve geral de 1917 foi um movimento espontâneo do proletariado sem a interferência, direta ou mesmo indireta, de quem quer que seja. Foi uma manifestação explosiva, consequente de longo período de tormentosa" (27 de março de 1966).

O processo da Revolução de 1917 teve reflexos no movimento operário brasileiro e não deixou de impactar Edgar Leuenroth, que esteve atuando naquela conjuntura sendo um ácido militante e crítico da ordem estabelecida: o capitalismo liberal. Ele afirmou que "teve repercussão favorável no Brasil, sendo recebida com simpatia e manifestações de apoio entre o elemento ativo do proletariado" (Leuenronth *apud* Konder, 2009, p. 161).

Em 1919, numa onda de muitas lutas sociais que se manifestaram em várias greves no Brasil, Edgar Leuenroth e Hélio Negro (pseudônimo do comerciário Antônio Duarte Candeias) lançaram um documento intitulado *O que é o maximismo ou o bolchevismo*. Essa brochura foi um esboço dos militantes, que resultou no programa que ia além das causas pontuais e imediatas, ou seja, um projeto de uma nova sociedade. O fato é que esse documento tem uma enorme influência dos ecos de Petrogrados, como os próprios comentaram: "O regime vigente na Rússia é uma organização de reconstrução, a caminho do almejado comunismo libertário, que trará para todos a paz, o bem-estar e a liberdade" (Negro; Leuenroth, 1963, p. 9).

O entusiasmo com a derrocada final do capitalismo também se encontrou no pensamento dos autores, posto que como já debatemos ao longo desse texto, a Revolução Outubrina abriu essa expectativa que, "no estado de miséria em que estão os povos de quase todo o mundo, só o comunismo, como forma econômica de estreita solidariedade, pode salvar a humanidade da ruína completa" (Negro; Leuenroth, 1963, p. 20).

Como já anunciamos acima, a revolução impactou milhares de militantes pela causa operária no país, entretanto, esse impacto teve diferentes significações nas ideias dos militantes. No caso de Astrojildo, ele gradualmente aderiu ao comunismo soviético e à sua maneira de organizar a sociedade, como demonstrado na fundação de um partido comunista. Leuenroth, por outro lado, não renunciou à sua ideologia anarquista (em momento algum da sua vida) e faz uma ressalva de como deve ser organizada a nova sociedade comunista libertária:

> Nós, comunistas libertários, não concebemos o comunismo senão como forma tendente a aumentar o bem-estar e a liberdade individual; e, por isso, somos inimigos irreconciliáveis coletivismo ou do socialismo de estado que, tendente à destruição dos privilégios capitalistas, cria inevitavelmente os privilégios burocratas (Negro; Leuenroth, 1963, p. 23).

No entanto, advindo da tradição anarquista de pensadores como Mikhail Bakunin e Errico Malatesta, essa visão defendia a derrubada imediata do Estado e a implantação direta do comunismo. Isso contrastava com o que pregavam Marx e a tradição marxista, que propunham uma transição gradual para à sociedade comunista, preservando o Estado, embora com outra conotação. Lênin (2010), polemizando com os anarquistas, reafirma o caráter do Estado como forma organizativa política repressora de uma classe sobre a outra. Mas é imprescindível a sua manutenção provisória, usando seu aparelho coercitivo para derrotar a burguesia, que, uma vez desapropriada dos meios de produção, reagiram e para evitar isso, os trabalhadores tem que manter o Estado e usá-lo contra a burguesia.

Voltando a falar da apreensão de *Leuenroth* sobre a maneira organizativa de uma possível nova sociedade brasileira, pós-capitalista. Na citação anterior, o próprio condena as formas coletivista e burocráticas de comunismo, mas paradoxalmente, defende,

> Conselho geral dos comissariados:
>
> 1- A administração geral da república comunista será confiada ao conselho geral dos comissariados do povo, constituído pelos representantes de todos os comissários regionais.
>
> 2- Para cada ramo de atividade social o conselho dos comissariados do povo constituíra um comitê administrativo de comissários, que serão encarregados de normalizar os trabalhos do conselho geral dos comissariado do povo.

3- As deliberações do conselho geral dos comissariados do povo serão postas em prática pelo conselho executivo, eleito dentre os seus membros.

4- O conselho Geral dos comissariados do povo reunir-se-é três vezes ao ano. Os comitês administrativos de comissários reunir-se-ão mensalmente as vezes necessárias. O conselho executivo realizará reuniões diárias, cabendo-lhe executar os trabalhos que lhe forem confiados pelos comitês administrativos de comissários (Negro; Leuenroth, 1963, p. 55).

Esse fragmento do programa mostra como foi bastante influenciado pela Constituição Soviética, já que preza por uma democracia dos conselhos operários, que moldavam a vida sociopolítica da Rússia. Paradoxalmente, os próprios autores condenam qualquer forma de coletivismo ou socialismo de Estado. Porém, a forma política russa está amparada em uma democracia dos conselhos, o que, nesse programa esboçado pelos autores, tem uma semelhança muito grande com o que foi aprovado em 1918 na Rússia revolucionária.

Portanto, havia uma confusão na concepção anarquista de Leuenroth com o programa que ele e Candeias escrevem, pois, as ideias anarquistas que são antípodas de qualquer forma de Estado, adotaram um programa de uma república comunista que, independente do caráter que os bolcheviques deram ao Estado, ainda era um Estado socialista.

As simpatias e até as influências diretas que o nosso autor teve com a Revolução Russa e a República Soviética foram desaparecendo na medida em que ele começa a conhecer o caráter da Revolução e o que estava ocorrendo internamente, como, por exemplo, a repressão anarquista feita pelos bolcheviques e a eliminação dos partidos de esquerda.

O último militante analisado aqui, é Octavio Brandão, que nasceu no dia 12 de setembro de 1896, na cidade de Viçosa, no sertão de Alagoas. Oriundo de uma família humilde, o alagoano teve a vida marcada pela perda da mãe quando ainda era criança, aos 4 anos de idade. Criado pelo pai, em condições muito adversas, teve que trabalhar muito cedo numa pequena farmácia. O senhor Neco Felix, pai de Octavio Brandão, endividado e doente, enviou o jovem para a casa de um tio na capital, Maceió, onde ele teria instrução e melhores condições de vida. Em 1911 matricula-se no curso de farmácia no Recife, o que fez o seu despertar para as ciências da natureza.

Seu desabrochar para as questões sociais veio, primeiramente, pela situação de miserabilidade que o povo de sua cidade enfrentava, sobretudo pelos mandos e desmandos das oligarquias locais, e também a sua própria situação de pobreza, que não era muito diferente da maioria dos cidadãos daquela região. Ainda acrescenta a investigação da sua primeira obra, chamada *Canais e Lagoas*, pois, apesar de ser uma obra de geologia e botânica, fez com que Brandão convivesse, durante sua investigação científica, com os ribeirinhos e pescadores pobres.

Dos três personagens analisados neste texto, o alagoano era o mais jovem. Teve um percurso diferente, tanto de Edgar Leuenroth quanto de Astrojildo Pereira, no tocante à militância política, impactada pela Revolução Russa, visto que os primeiros já eram ativos militantes do movimento operário que participaram de grandes lutas da classe trabalhadora. Brandão não participou do movimento operário antes da eclosão da Primeira Guerra Mundial, justamente por ser muito jovem na época.

Em suas memórias, ele data que foi a conjuntura mundial da Primeira Guerra e a Revolução Russa que o fizeram ter uma militância pela causa operária: "Sou um homem do século XX. Minha consciência começou a despertar no início do século. Não tinha 18 anos quando estourou a Primeira Guerra Mundial. Tinha 21 anos quando rebentou a grande revolução socialista de outubro de 1917, na Rússia." (Brandão, 1978, p. 30). É partir desses fatos que Brandão vai ter uma militância orgânica no movimento operário da capital de Alagoas, escrevendo com outro militante destacado: Antônio Bernardos Cannelas.

Ambos escreveram para o periódico operário chamado *A semana Social*, na qual denunciavam a situação da classe operária alagoana. Esses dois militantes organizaram algumas greves em Maceió, entre 1917 e começo de 1919. Entretanto, essa atividade política de Brandão no interior da classe operária lhe custou sua primeira prisão, sob acusação de maximalismo e ele foi solto mediante o pagamento de uma fiança. A perseguição, não parou por aí, pois foram contratados pistoleiros para assassiná-lo. Sabendo da notícia, ele fugiu para o Rio de Janeiro.

Já no Rio de Janeiro, ao inserir-se dentro do movimento operário, enxerga no anarquismo a sua teoria social, sobretudo no anarco-sindicalismo. Em 1919, participou da criação do primeiro partido comunista do Brasil, hegemonizado pelos militantes anarquistas e, consequentemente, com um programa anarquista. Esse partido não teve vida longa justamente por divergências programáticas entre comunistas e anarquistas. O primeiro impacto que a Revolução Russa acarretou para o autor foi a busca por fontes teóricas do anarquismo russo, especialmente de Bakunin e Kropotkin. Assim como muitos militantes anarquistas, ele enxergou a Revolução Russa como uma revolução anarquista.

No decorrer do processo da jovem República Soviética, Brandão aponta o seu descontentamento com os rumos que os bolcheviques tomaram em dois aspectos. O primeiro é o fato de que o poder emanado de outubro não destruiu o Estado, algo que para a concepção anarquista é imperdoável. O segundo foi a repressão que o governo chefiado por Lênin empreendeu contra os anarquistas. Embora essa primeira influência, Brandão já convertido ao comunismo, não gostasse de reivindicar, pois na sua autobiografia, pouco comenta sobre o tempo em que se converteu ao anarquismo e nem as polêmicas que empreendeu contra os bolcheviques[41]).

No entanto, foi a visita de Astrojildo Pereira, já convertido ao comunismo, e que naquele momento, tinha fundado o Partido Comunista do Brasil, onde levou para Brandão com o intuito de tentar esclarecê-lo sobre o significado da Revolução Russa e sua base teórica. Entre as obras levadas estavam o *Manifesto do Partido Comunista*, de Karl Marx e Friedrich Engels (Marx; Engels, 2001); *Estado e Revolução, Imperialismo, fase superior do capitalismo e Terrorismo e Comunismo*, de Lênin; e também a obras de Leon Trotsky. Esse material "convenceu Brandão de que ele e os outros anarquistas estavam enganados em outubro e novembro de 1920, ao acusarem russos de serem reformistas" (Dulles, 1973, p. 151).

Foi em 5 de julho de 1922, sob uma conjuntura de revoltas dos tenentes, que Octávio Brandão aderiu ao PCB, passando a ser o teórico do partido. Pois bem, tanto Astrojildo e Brandão foram os primeiros que se esforçaram em construir uma tese sobre a formação sócio-histórica do Brasil, na chave do materialismo histórico e dialético. Assim, eles foram os pioneiros do marxismo nacional (Zaidan Filho, 2011). Portanto, a revo-

---

[41] Na sua autobiografia, *Combates e batalhas: memórias- volume1* o autor dá pouca importância ao tempo em que via a teoria anarquista como o instrumento forte para a revolução operária, visto que pouco relembra dos fatos e, quando faz, sempre enfatiza como uma "imaturidade" da juventude. Já convertido ao comunismo, ele gasta bem mais tintas para enaltecer a virtude do comunismo e sua missão libertadora no mundo e no Brasil, lembrança essa que gosta de enfatizar.

lução bolchevique teve influxos teóricos para esses militantes, a ponto de os levarem a estudar a realidade do país em que estavam inseridos[42]

Contudo, o papel mais destacado da análise "marxista-leninista" da formação socioeconômica do país, com objetivo de ser uma arma teórica da vanguarda operária na intervenção na realidade brasileira, a fim de derrubar o capitalismo e estabelecer uma nova ordem social baseada no socialismo. O texto que cumpriria esse papel foi escrito por Octávio Brandão em 1924 e complementado dois anos depois, sob o pseudônimo de Fritz Mayer, um suposto oficial alemão que estava no Brasil. A brochura, tinha o seguinte o título: *Agrarismo e industrialismo: ensaio marxista-leninista sobre a revolta de São Paulo e a guerra de classes no Brasil – 1924.*

O revolucionário alagoano, ao analisar a formação econômica do Brasil e sua inserção na economia internacional, utiliza como base teórica o livro de Lênin, *Imperialismo, fase superior do capitalismo*. Ele destaca que o Brasil estava inserido na lógica da divisão internacional do trabalho, no qual o país era eminentemente agrário e subordinado aos interesses do imperialista inglês, que hegemonizava as elites políticas brasileiras da época. Entretanto, por outro lado, Brandão identifica, na leitura que faz de Lênin sobre o imperialismo, que havia uma disputa interimperialista entre Inglaterra e Estados Unidos, que representava a burguesia industrial, e estava se contrapondo ao domínio inglês, por ser mais forte e enraizado no Brasil há muitos anos. Amparado em dados, o intelectual alagoano demonstra esse predomínio:

> De um ponto de vista mais estatístico: o Brasil possuía, em 1920, 13 mil estabelecimento industriais, para 648 mil estabelecimentos rurais. Os primeiros valiam um milhão e 815 mil contos; e os segundos, 10 milhões e 568 mil contos. Os trabalhadores fabris montavam a 275 mil. Os trabalhadores rurais, a cerca de nove milhões. Portanto, economicamente, o Brasil é um país agrário, país dominado pelo agrarismo e não pelo industrialismo, como a Alemanha (Brandão, 2006, p. 34).

Ao analisar a predominância de uma sociedade rural, o autor deixa claro quem eram os detentores desses meios de produção: a grande proprie-

---

[42] Esse elemento de estudar a realidade nacional, tirar conclusões teóricas e partir para a prática da transformação social, foi muito emblemático na Rússia Czarista, uma vez que a intelectualidade revolucionária estudou a fundo a formação do capitalismo na Rússia e caráter. Desse modo, no Brasil ocorreu o mesmo com Brandão e Astrojildo.

dade latifundiária, subordinada aos interesses externos, principalmente da Inglaterra. Para o autor, havia uma dominação semicolonial sobre o Brasil, uma vez que a estrutura política brasileira e seus agentes, como Arthur Bernardes, seus intelectuais orgânicos, como Rui Barbosa, eram subalternos à Inglaterra. Nesse sentido, ao utilizar a dialética na realidade brasileira, Brandão denomina essa estrutura como a tese.

A antítese, nas formulações do revolucionário alagoano, era representada pela revolta dos tenentes, sob a liderança do oficial Isidoro Dias Lopes, em São Paulo. Para o autor, esse movimento, apesar de ter um projeto moralista pequeno burguês, era manipulado pela grande burguesia imperialista norte americana, que naquele momento entrava em rota de colisão com um imperialismo inglês, criando uma conjuntura revolucionária. Mas o fechamento da dialética – a síntese – seria a revolução operária, que concluiria com a implantação do socialismo no Brasil.

Vejamos como é esquematizada a dialética nas suas palavras:

> Com Bernardes, centralização – tese. Com Isidoro, tentativa de descentralização – antítese. Com a ditadura proletária, nova centralização, superior a todas outras- síntese de todas sínteses passadas. E fecha-se o décimo ciclo da história Nacional (Brandão, 2006, p. 141).

A aplicação da dialética na história do Brasil, especialmente nos eventos de 1924, é bastante problemática do ponto de vista teórico e metodológico, pois era movida por um mecanicismo evolutivo, muito influenciado pela sua formação nas ciências naturais. Mas, apesar disso, foi um esboço bastante valioso, posto que basta lembrar que o nosso autor era praticamente um autodidata no assunto, não tendo uma formação sólida marxista. Assim, concordamos com Michel Zaidan Filho quando faz ressalvas à aplicação do materialismo histórico de Brandão, sem cair na simples desqualificação[43], pois,

---

[43] Por muito tempo na história do pensamento político brasileiro, o livro *Agrarismo e industrialismo* foi desconsiderada como obra fundante do pensamento marxista brasileiro, e esse mérito foi dado à obra *Formação do Brasil Contemporâneo*, de Caio Prado Jr. Além disso, operou-se uma tentativa de desqualificação da obra de Brandão, como por exemplo, Leandro Konder na sua tese que se chama *A derrota da dialética: a recepção das ideias de Marx no Brasil*, até o começo dos anos 30. Nessa tese, tem um subcapítulo *Octávio Brandão e a dialética: um mal-entendido*. Nele, Konder (2009) evidencia a máxima potência a utilização mecânica da dialética, e não contextualizou em que condições o revolucionário de Alagoas escreveu esta brochura, e nem levou em consideração a tentativa de Brandão de interpretar a formação do Brasil na chave do materialismo histórico.

> Este é um texto que, malgrado todas as suas vicissitudes teóricas e metodológicas devidas ao autodidatismo do autor, contém as sementes de uma análise original da luta social no Brasil, à luz das manifestações da revolta da pequena burguesia civil e militar da primeira República (Zaidan Filho, 2011, p. 16).

No entanto, a interpretação dialética feita pelo alagoano de Viçosa tinha como principal objetivo estudar a realidade sócio-histórica para poder intervir nela. Ou seja, foi com base nesta tese sobre o Brasil que houve a primeira formulação da revolução brasileira. Brandão (2006) via com bons olhos a revolta dos tenentes, que, apesar de sua derrota, não deixaria de cessar mais levantes contra a dominação imperialista inglesa, que representava o que havia de mais atrasado em todos os aspectos da sociedade brasileira. No entanto, ele não via nos tenentes um conteúdo revolucionário, mas sim um papel moralizador, defensor das liberdades políticas e da participação desse setor nas forças armadas. Mesmo assim, para as formulações de Brandão, os tenentes seriam peças fundamental para,

> Impelir a fundo a revolta pequeno-burguesa, fazendo pressão sobre ela, transformando-a em revolução permanente no sentido marxista-leninista, prolongando-a mais possível, afim de agitar as camadas mais profundas das multidões proletárias e lavar os revoltos às concessões mais amplas, criando um abismo entre eles e o passado feudal. Empurremos a revolução da burguesia industrial- o 1789 brasileiro, o nosso 12 de março de 1917 – aos últimos limites, a fim de, transposta a etapa da revolução burguesa, abria-se proletária, comunista (Brandão, 2006, p. 133).

Essa teoria das etapas da revolução, contida nesse fragmento do texto de Brandão (2006), não é uma novidade no pensamento marxista quando se trata de um capitalismo periférico. Porém, a grande originalidade da tese da revolução socialista no Brasil está na estratégia desenvolvida pelo autor: uma revolução democrática pequeno-burguesa urbana, na qual os tenentes seriam a força social motriz do movimento revolucionário[44]. Devido à sua debilidade ideológica e instabilidade, entre a pequena burguesia, seria a função do partido revolucionário (PCB) manter a indepen-

---

[44] O operariado, segundo Brandão, não poderia desenvolver essa tarefa de dirigir uma revolução democrática burguesa por justamente estar desarticulado pela repressão naquele momento, pois a lei de expulsão de estrangeiros apear um elemento mais revolucionário do movimento operário, além da política de cooptação.

dência ideológica desses setores fazer uma aliança prestes a conquistar a direção e, posteriormente, a hegemonia do movimento. A vanguarda operária apoiaria os tenentes (pequeno-burgueses urbanos), objetivando a aniquilação dos resquícios semifeudais da sociedade agrarista e, posteriormente, contra o industrialismo representado pela pequena burguesia. A revolução, então, passaria para a fase socialista, usando como exemplo a insurreição de outubro na Rússia:

> Muitos elementos da pequena-burguesia, influenciados pela vanguarda proletária, já começaram a entrever que, depois da vitória do Isidoro atual ou do futuro Isidoro, haverá alguma coisa. Lembram-se de que o Czar Nicolau era agrário, feudal, como Bernardes. Lembram-se de Kerensky, "democrata" pequeno-burguês, como Isidoro atual ou o futuro Isidoro. Lembram-se de que o pequeno-burguês Kerensky substituiu Nicolau, o feudalista, par depois ser derrubado pela revolução proletária... (Brandão, 2006, p. 144).

O grande mérito deste autor é traçar uma estratégia da revolução com os sujeitos sociais que não se colocava em cena, como a pequena-burguesia, representada pelos tenentes. Esses sujeitos iniciariam a etapa que iria abrir espaço para o operariado se organizar e daí se tornar o sujeito da última etapa da revolução: a comunista.

No entanto, o impacto da Revolução Russa no pensamento de Octávio Brandão (2006) vai além de sua militância, pois a sua preocupação maior junto com Astrojildo Pereira, era realizar um estudo do Brasil na chave do materialismo histórico, especificamente do marxismo-leninismo, no qual foi o pioneiro no Brasil. Esse esboço de conhecer a realidade socioeconômica do país tinha como principal finalidade intervir na realidade e transformá-la. Portanto, podemos dizer que Brandão foi o primeiro a elaborar um estudo marxista do Brasil, levando em consideração as peculiaridades brasileiras e fazendo as devidas mediações.

Em suma, a vida desses três militantes foi profundamente impactada tanto nas suas formas de luta como também nas suas concepções de enfrentar o capitalismo. No entanto, essa recepção jamais foi automática e mecânica; ao contrário, ela ocorreu de forma mediada, de acordo com a realidade brasileira.

2.6 Como as entidades da classe trabalhadora enxergavam a Revolução de Outubro

A Revolução Russa inaugurou um momento ímpar para a classe trabalhadora brasileira, já que, a partir dela, foram impulsionados os sonhos de derrubar a ordem capitalista estabelecida e galgar uma sociedade sem exploração. Nesse sentido, iremos trazer esse impacto para classe trabalhadora e como ela se orientou pelos ecos de Petrogrado.

Todavia, é bom esclarecer, que as lutas sociais no país não foram apenas produtos dos ecos de Outubro, como se no Brasil não houvesse lutas, revoltas e motins contra a ordem estabelecida. Basta lembrar, que desde o Brasil colônia negros fugiam das lavouras, formavam quilombos e patrocinavam motins, só para pegar esses como exemplos. No Brasil Império não era diferente, passando pelo início da República Velha, com a imersão das ideias mais adversas ao capitalismo: anarquismo e socialismo, que estiveram presentes como arma teórica no enfrentamento do capitalismo liberal conservador brasileiro.

Dessa maneira, muito antes de 1917, os subalternos brasileiros rebelavam-se contra as formas mais variadas de opressão e exploração. No entanto, foi a Revolução Socialista no leste europeu que permitiu ver referência concreta para pôr abaixo o edifício capitalista e construir uma nova sociedade, baseada na solidariedade e no fim da exploração do homem pelo homem.

De modo geral, nos primeiros anos pós-Revolução Russa, o movimento operário mundial, incluindo o brasileiro, e seus respectivos partidos – fosse ou não fiéis às teorias de Marx e Engels – viam 25 outubro (7 de novembro, no Brasil) como uma data simbólica para a maioria das entidades de trabalhadores. Os padeiros do Rio de Janeiro prestaram a sua solidariedade ao povo russo em forma de moção, justamente no dia 1º de maio, que é o Dia Internacional dos Trabalhadores. O jornal *A Razão*[45] reproduziu:

> É hoje o dia sufrágio universal de todo proletariado como protesto à brutalidade do capitalismo. A magia que todo esta matilha (de patrões) sonhava está sendo banida; a

---

[45] Esse mesmo jornal que em outrora condenava a tomada de poder dos bolcheviques na Rússia, como nós demonstramos por meio dos seus editoriais, começou a ter uma postura menos hostil e até abrindo espaço para os trabalhadores e suas entidades de classes se manifestarem em favor da Revolução Russa.

> aurora reivindicadora que se entende em toda a Rússia, não tardará esse fecho luminoso a chegar ao continente americano.
>
> O prosseguimento desta guerra é o fim dos castelos do capitalismo. Todas as necessidades tem de passar pela mesma fase da Rússia, que é o caminho nobilíssimo de grande caminhada (2 maio de 1918).

No fragmento citado, além de os padeiros demonstrarem a solidariedade com a revolução que derrubou a ordem social que havia na Rússia, foi expressado o internacionalismo desses trabalhadores ao se referirem a ideia de que a insurreição irá se espalhar pelo o mundo e, especificamente pela América. Ou seja, o sonho de uma nova sociedade se espalhou como uma centelha de esperança nos corações e mentes dos subalternos brasileiros, como exclamado por essa entidade classista.

No dia primeiro de maio, o jornal *A Razão* cobriu um comício no Dia Internacional dos Trabalhadores, no qual "60 mil homens frementes, empurrados a bandeira rubro da revolução e inúmeros estandartes com as legendas da anarquia, cantando estrofes liberdade internacional e da canção operária, erguendo vivas estrepitosas à Rússia nova e a Lênin" (1º de maio de 1919).

A mesma secção de movimento operário do jornal traz várias comemorações dos operários no Dia Internacional do Trabalhador, considerando a Revolução Russa como uma espécie de primeiro triunfo da classe trabalhadora, como diz a moção que o jornal reproduziu:

> O proletariado do Rio de Janeiro, reunido em massa, na praça pública e solidário com as grandes manifestações demonstrações mundiais dos trabalhadores, neste 1.º de Maio, envia uma saudação especial de simpatia aos proletariado russo, húngaro e germânico e protesta solenemente contra qualquer intervenção militar burguesa, tendo fim atacar a obra revolucionária tão auspiciosamente encetada na Rússia (2 de Maio de 1919).

A Confederação Operária Brasileira foi um desdobramento do congresso operário, que se reuniu pela primeira vez em 1906, em uma reunião com várias entidades de classe, como sindicatos, associações, clubes e representantes da imprensa operária. Foi um esforço de diversas entidades para se organizarem e lutarem contra a exploração do capital sobre o trabalho.

No entanto, a estratégia tirada no primeiro congresso foi a da ação direta, influenciada pelo sindicalismo revolucionário francês. Porém, esse sindicalismo não tinha muito de revolucionário, levando em consideração a sua resolução, pois, por exemplo, nada tocava sobre a questão da destruição do Estado. Em vez disso, concentrava-se mais na luta do cotidiano da classe trabalhadora por melhores salários, condições de trabalho e de vida.

O segundo congresso operário, realizado no Rio de Janeiro seis anos após o primeiro, teve maior adesão[46] de entidades operárias em relação ao último, dado que o acirramento da luta de classes foi mais intenso em 1913. No entanto, de maneira geral, o segundo congresso manteve a mesma resolução do primeiro: priorizou a ação direta e as demandas por conquistas imediatas.

O terceiro congresso, realizado em janeiro de 1920, numa conjuntura de ascensão do movimento operário no Brasil e no mundo, estava sob o impacto da Revolução Russa e saudou a luta do operariado mundial:

> O 3º Congresso Operário Brasileiro, interpretando os sentimentos libertários que animam a classe operária do Brasil, envia uma cordial e entusiástica saudação de inquebrável solidariedade aos proletariados de todos os países, nesta hora histórica empenhados na luta heróica e decisiva contra a tirania burguesa e pela emancipação integral de todos os oprimidos. O 3º Congresso inaugura as suas sessões com esse grito: -Trabalhadores de todo o mundo, uni-vos! (3º Congresso Operário Brasileiro, 2017).

O operariado russo também esteve presente nas moções internacionais, já que, no entendimento do congresso, a Revolução Russa abriu uma nova era de lutas operárias. Isso é demonstrado na saudação do congresso: "O 3º Congresso Operário Brasileiro, envia uma fraternal saudação ao proletariado russo, que tão alto tem erguido o facho da revolta triunfante, abrindo o caminho do bem-estar social e da liberdade aos trabalhadores mundiais" (3º Congresso Operário Brasileiro, 2017).

Esse congresso teve representação em quase todos os estados brasileiros, havendo mais do que o seu antecessor, em 1913. O terceiro congresso apesar de adotar a mesma linha organizativa dos anteriores, encontrou

---

[46] Estiveram presente no congresso 2 federações estaduais; 5 federações locais; 52 entre sindicatos, sociedades, associações e centros ou ligas operárias.

uma conjuntura internacional e nacional favorável, para arregimentar trabalhadores e suas entidades de classe a fim de lutar contra a exploração capitalista.

O Partido Socialista Brasileiro, fundado no começo do século XX, teve sua vida efêmera, não obstante, ressurgiu e esteve em atividade na conjuntura de Revolução Russa. No princípio, tinha uma visão muito negativa dos bolcheviques, devido à forma como o partido adotou uma postura tímida diante da invasão estrangeira na Rússia, como demonstrado no editorial de seu órgão oficial,

> Desde os tempos absolutos de Luís XVIII e da Santa Aliança não nos lembramos que algum país tenha intervindo na política interna de outro para impor qual ou tal forma de governo. Isto parecia esquecido com os outros séculos Entretanto, agora, em plena luta pelo direito e pela liberdade, os aliados mandam tropas para a Rússia, fim de derrubar o governo maximalista que conta com o apoio da maioria da população sensata daquele país (Folha Nova, 16 de janeiro de 1919).

É bem verdade que tal partido tinha pouco de revolucionário, pois o socialismo que era pregado nas suas fileiras consistia na conciliação entre capital e trabalho, com a finalidade de levar o socialismo sem rupturas com o sistema capitalista. Em sua concepção, o socialismo poderia chegar por vias de conquistas graduais de direitos. Essa entidade tinha pouca inserção no movimento operário. Todavia, apesar da hostilidade e não reivindicar os métodos dos bolcheviques, o partido reconheceu que o poder dos sovietes era legítimo, como foi assinalado Isaac Izecksohn:

> A revolução maximalista nos foi pintada com todos os horrores, mas seriam preferíveis setenta revoluções mais horrorosas de que uma guerra como a que tivemos nesse regime de ordem justiça.
>
> Sem dúvida que o reconhecimento do maximalismo por parte da Inglaterra não foi feito com tanta facilidade (Folha Nova *apud* Bandeira, 1980, p. 196).

O Partido Socialista, ao reconhecer o governo de operários e camponeses russos, que nasceu de uma ruptura com a ordem estabelecida anterior, tinha como objetivo ganhar a simpatia da classe trabalhadora, que se solidarizava com a Revolução Russa. Sendo assim, como estratégia de angariar trabalhadores e sindicatos, o Partido Socialista Brasileiro demonstrou simpatia pela causa da Revolução Russa, publicando folhetins de apoio.

Outro partido fundado na conjuntura revolucionária mundial foi o recém criado Partido Comunista Brasileiro, fundado por militantes anarquistas, onde muitos destes estavam em transição para o marxismo, como foi o caso do já citado Astrojildo Pereira. Esse partido teve uma vida curta, pois não houve entendimento claro do programa, especialmente no que tange à organização e à estratégia entre os militantes[47]. Mesmo em sua breve atividade, a sigla também se manifestou em favor da revolução mundial e contra os discursos conservadores propagados na grande imprensa brasileira[48] sobre a questão operária. Vejamos, a seguir, como o partido se manifestou em uma de suas moções:

> Considerando que no momento atual as reivindicações operárias mantêm em xeque as pretensões da burguesia que quer resolver a questão social por meio de um programa já de há muito relegado para o passado. Considerando que tais reivindicações começaram com êxito, pela revolução russa.
>
> Considerando que a idéia comunista em macha vitoriosa se traduz em fatos que vem resolver plenamente a angustiosa situação em que se encontra o proletariado universal (Pereira *apud* Bandeira, 1980, p. 200).

---

[47] Além da discordância na organização do partido, como, por exemplo, um partido disciplinado, havia também as primeiras críticas que os anarquistas destilaram contra o novo poder que emergiu da revolução, como a não destruição do Estado russo. Contudo, o que culminou, de fato, em uma ruptura entre anarquistas e comunistas no Brasil foi a repressão que os bolcheviques empreenderam contra os anarquistas russos, em dois fatídicos episódios, a repressão à base naval de Krondadt, em 1921, e a repressão do poder soviético ao anarquismo na Ucrânia. Para entender melhor esses dois episódios que ocorreram na Rússia, que deram origem a uma separação ideológica do mesmo tronco crítico do capitalismo, ver LÖWY, Michel; BESANCENOT, Oliviar. *Afinidades revolucionárias*: nossas estrelas vermelhas e negras por uma solidariedade entre marxistas e libertários. São Paulo: Editora Unesp, 2015. Já sobre o processo de acirramento ideológico entre comunistas e anarquistas no Brasil, veja o livro do brasilianista John W.F. Dulles, *Anarquistas e Comunistas no Brasil (1930-1935)*. Rio de Janeiro: Nova Fronteira, 1977.

[48] Um dos discursos que pregava a manutenção do status quo, foi o então senador Rui Barbosa, que fez um discurso extremamente ofensivo ao governo soviético, o mesmo acusava a revolução de ser uma obra do desastre que foi a guerra para o povo russo, pois, ainda segundo o senador, o conflito bélico deixou a Rússia destroçada. Com isso, os elementos estrangeiros e hostis à livre iniciativa privada e o harmonioso relacionamento das sociais (leia-se bolcheviques) civilizações modernas conseguiram coagir o povo a apoiar a anarquia que se encontrava a Rússia. Como ele expressa nesse pequeno trecho: "hoje o solo dos seus destroços, combatentes uns com os outros, sob o domínio da miséria, da fome, da anarquia, nomeados por dois agentes estrangeiros" (Barbosa, 1956, P. 144). Para ver esses escritos sobre a questão social no pensamento de Rui Barbosa, foram reunidos publicações das suas obras escolhidas: *Campanha Presidencial*, Tomo 1, 1919. Ministério da Educação e Cultura, Rio de Janeiro, 1956.

O jornal *A Plebe*, hegemonizado pelos militantes anarquistas revolucionários, também teve o entendimento de que a Revolução Russa abriria uma fase extraordinária de revoluções pelo mundo afora:

> Vencedores na Rússia desde 1917 e mais recentemente na servia e na Romênia, e agora parte Alemanha e da Áustria, o maximalismo é a onda vermelha que se avoluma e avança. Que o digam na Inglaterra, a Argentina e a America do norte, onde já se deram nestes últimos dias os primeiros levantes. É fogo em rastilho de pólvora (1º de março de 1919).

O proletariado brasileiro, por meio das suas entidades de classe e seus órgãos de imprensa, enxergava a revolução como um processo libertador das classes subalternas. Ao término da Primeira Guerra Mundial, a Rússia, ainda destroçada pelos efeitos do conflito bélico, a República Soviética foi obrigada a entrar em outro conflito em 1918.

A burguesia internacional, por meio de uma coligação de 14 países, incluindo a maioria das potências mundiais, como Inglaterra, Estados Unidos, França e outros países, invadiu o território russo numa contraofensiva com a finalidade de debelar qualquer forma de organização social que não fosse o capitalismo. Desse modo, houve uma sangrenta guerra civil, na qual muitos elementos reacionários que perderam o poder na Rússia confabularam essa invasão com as potências estrangeiras, que durou três anos de conflito.

Durante essa invasão, a jovem República Socialista recebeu a solidariedade de milhares de operários brasileiros, que se organizaram em diversos atos contra a agressão imperialista. A imprensa operária no Brasil formou um comitê para denunciar agressão estrangeira:

> Felizmente, do lado dos comunistas da Rússia e Hungria e da convulsionada Baviera sopra um vento forte da transformação social que ninguém poderá deter e que já envolve mundo proletário e popular numa atmosfera de quente entusiasmo de vibrante expectativa, de arrebatadora esperança.
>
> É certo que governantes de todos os países se prepararam para intervi nos negócios internos da Rússia e da Hungria para esmagar a revolução nesses países iniciadas e que ameaça estende-se universalmente. Contra essa pretensão é que devemos protestar veementemente, energicamente, potentemente [...].

> Os povos desses países convulsionados que derrubaram os usurpadores e os governos que escravizaram, cumpriram o seu dever e saudamos-os comovidamente e aqui hipotecamos toda a nossa simpatia [...] (A Razão, 26 de abril de 1919).

Outra entidade classista que se mostrou preocupada com a agressão estrangeira na Rússia e a favor da revolução na Hungria e na Baviera foi o operariado da construção civil. Numa assembleia, foi aprovada uma greve contra a invasão estrangeira e pela "solidariedade com o operariado, de protesto contra a intervenção dos aliados na Rússia e na Hungria, Baviera-emitem em todos os países onde o proletariado se for libertado do jugo capitalista" (A Razão, 10 de julho de 1919).

O proletariado brasileiro, além da solidariedade ao povo russo, húngaro e bávaro, estava inserido numa campanha internacional de defesa da revolução nesses países, pois vários operários no mundo estavam protestando contra a investida imperialista que não era de acordo com a Rússia. O jornal *A Razão* trazia em sua principal manchete de capa "O protesto internacional contra a intervenção estrangeira na Rússia e Hungria" (19 de julho de 1919). A publicação dessa manchete era para anunciar que os trabalhadores iriam parar as atividades e protestar contra as agressões à Rússia no 21 de Julho de 1919. No Brasil, muitas entidades, como a Federação Operária de São Paulo, aderiram à campanha, conforme relatado pelo jornal carioca:

> A federação de São Paulo, conforme havia deliberado em reunião em que parte representantes de todas as associações operárias e a ela aderentes, resolveu associar-se às manifestações que o proletariado da Europa realiza nos dias de hoje e amanhã com o fim de protestar contra os termos imperialista do tratado de paz contra a intervenção dos governos aliados nos negócios internos da Rússia e da Hungria. Neste sentido, a federação deliberou realizar hoje, 4 horas da tarde, um grande comício, seguido de um cortejo pelo centro da cidade.
>
> Esse comício revestiu-se de maior importância, dele participando milhares de operários, tendo feito uso da palavra diversos oradores, explicando os motivos daquela reunião e a significação do protesto universal do proletariado (A Razão, 21 de julho de 1919).

A Federação Paulista não foi a única a se manifestar em favor da Rússia revolucionária e contra as agressões estrangeiras. Naquele ano de campanha internacional, o proletário brasileiro, pelo menos nos estados brasileiros que tinham um número expressivo de operários, de acordo com os padrões da época, fizeram protesto contra a investida estrangeira mas também procuraram conscientizar aqueles operários não sabiam o que estava ocorrendo. Em Pernambuco, a Federação aderiu ao protesto, como já tinham feito as federações operárias do Rio de Janeiro e de São Paulo. O jornal *A Razão* reproduz um boletim da Federação Operária de Pernambuco que diz,

> No dia 21 corrente deste mês, todas classes proletária de toda a Europa declararão greve geral por espaço de 24 horas para demonstraram de uma forma equivocada e veemente os protesta contra a intervenção violenta. Indébita e revoltante dos governos aliados nos negócios russos. Libertada dos seus esforços da tirania czarista plutocrata.
>
> A federação das classes trabalhadores empresta todos o apoio a essa greve a mundial (21 de julho de 1919).

No dia da realização da manifestação marcada pelo movimento operário europeu e sua adesão pelo movimento operário brasileiro, houve uma escalada de repressão policial às manifestações a favor do povo russo e húngaro. No Rio de Janeiro, por exemplo, a polícia conseguiu desmanchar a manifestação que estava marcada para às 14 horas, mas os operários conseguiram realizar o comício no mesmo dia, no horário de 17, como noticiou o jornal *A Razão* do dia 22 de julho de 1919. A repressão se fez presente em várias regiões, porém, mesmo assim, não conseguiu intimidar o espírito de solidariedade internacional, já que, no Rio de Janeiro, mais de 80 mil operários paralisaram suas atividades para protestar contra a invasão imperialista na Rússia (Bandeira, 1980).

A relação de solidariedade que os trabalhadores mais conscientes e organizados tiveram com a jovem República Soviética foi de total apoio, desde a queda do czar passando pela Revolução Socialista e a defesa da jovem República contra os ataques imperialistas. No entanto, os olhos do mundo, incluindo o Brasil, do trabalho virados a todo momento para o leste europeu, pois a guerra civil, que se iniciou em 1918, teve um desfecho favorável ao povo russo, mas com uma conta muito alta a se pagar[49]. Uma vez que a agressão imperialista custou milhões de vidas do povo russo, deixando o território extremamente destruído incluindo os meios de produção, sobretudo a indústria e agricultura. O historiador Christopher Hill, amparado em dados, verificou que,

> Em 1921 a área de cultivo era menos de 60 % e a produção bruta não atingia metade da cifra anterior à guerra; o excedente negociável decrescera a um ponto ainda mais baixo, com o desaparecimento das grandes propriedades. Em 1920 a produção da indústria pesada somava apenas 13% da anterior à guerra, a da indústria ligeira 44%. Os meios de transportes e o comércio interno estavam completamente quebrados; o comercio exterior também cessava virtualmente, em consequência do bloqueio que durou até janeiro de 1920 e do boicote financeiro se estendeu até o verão de 1921 (Hill, 1967, p. 139).

Os números finais da investida imperialista na Rússia revolucionária são imensuráveis e foram extremamente danosos à população, visto que o número de mortes é impressionante, uma boa parte ocasionada pelo conflito direto com o Exército Branco. As consequências da destruição da base material foram as que mais ceifaram vidas, principalmente de operários e camponeses, que tiveram como principal inimigo a epidemia de fome, causada pela destruição da já frágil base material russa.

O surto de fome que abateu a população russa foi conhecido no mundo todo, e a classe trabalhadora se organizou em boa parte do mundo para arregimentar recursos para ajudar a população soviética. A classe operária brasileira também se mobilizou para essa tarefa. Em setembro de 1921, foi criado no Rio de Janeiro um comitê de socorro aos flagelados russos, formado por vários militantes históricos, como Astrojildo Pereira, Fabio Luz, José Oiticica, Otávio Brandão, Elvira Boni e outros[50]. Astrojildo,

---

[49] Para um rico debate histórico acerca da invasão estrangeira na Rússia e seu desenvolvimento dramático para as classes subalternas russas, ver o livro de Jean-Jacques Marie chamado *História da Guerra Civil Russa 1917-1922*. Marie (2017), analisa neste livro como a burguesia se organizou internacionalmente, numa aliança com 14 nações para invadir a Rússia e, a partir daí, como os bolcheviques construíram um exército do nada, uma vez que os próprios aboliram as forças armadas da Rússia. No desenvolver da guerra o exército vermelho foi construído e, por isso, tiveram que recrutar antigos oficiais czares, impondo aos soldados russos seus antigos e odiados comandantes. O fato é que a guerra civil produziu carnificina. Ao término da agressão imperialista e, consequentemente, sua derrota para o Exército Vermelho deixou o povo russo exaurido desse longo processo.

[50] Nessa altura já havia várias divergências ideológicas entre esses militantes. No entanto, deixaram as diferenças de lado e se concentraram em uma maneira de ajudar os famintos produzidos pela guerra civil russa.

que era o secretário do comitê, idealizou uma campanha para angariar recursos financeiros, como a tiragem de jornais em número especial para serem vendidos, e o dinheiro enviado para o comitê de flagelo de Paris, para serem enviados à Rússia. Em uma carta, o secretário do comitê fez o seguinte apelo:

> O proletariado russo, o heroico proletariado que há 4 anos vem sustentando uma luta sem precedentes na história contra o capitalismo coligado de todo mundo- o proletariado russo enfrenta corajosamente a desgraça inevitável dos elementos, mas lança aos trabalhadores de toda terra o seu grito angustiado, apelando para a solidariedade internacional das classes obreiras. Atendendo a este apelo fraternal os trabalhadores da Europa e da América movem-se neste instante, num vasto movimento de socorro, procurando minorar os efeitos desastrosos da seca inexorável com o envio para a Rússia de um auxilio urgente e eficaz. Um esforço colossal, digno de dos altos.

> sentimentos de solidariedade humana, se está fazendo neste momento.

> Ora, nós, trabalhadores do Brasil, não podemos ficar estranhos a esse esforço internacional. Nós devemos também, na medida das nossas possibilidades totais, concorrer para que essa obra mundial de socorro adquirir uma eficiência prática correspondente à enormidade do desastre que abateu sobre os trabalhadores russos, nossos camaradas e nossos defensores na guerra contra o capitalismo.

> Contemos com o apoio decidido e urgente dos camaradas daí. Convoque vocês, imediatamente, uma reunião dos militantes para tratar do caso e constituam logo um comitê local promovendo as iniciativas que julgarem mais viáveis, entendendo-se com os militantes do interior do Estado para que secundem essas iniciativas. Não há tempo a perder (Pereira *apud* Bandeira, 1980, p. 217-218).

Os apelos que Astrojildo fez nesta carta mostra o quanto as lideranças operárias brasileira e europeia estavam solidárias e com disposição férrea para ajudar a manter o Primeiro Estado Operário.

Em suma, o movimento operário brasileiro encontrou na revolução socialista na Rússia um ponto de referência para as suas respectivas lutas, independentemente da ideologia à qual a organização operária pertencia. A seguir, analisaremos uma insurreição anarquista no estado do Rio de Janeiro, visando derrubar o capitalismo e implantar uma nova sociedade pós-capitalista. Essa investida foi uma clara (embora sem perspectiva real de algum êxito) demonstração, do clima revolucionário que estava inserido o movimento trabalhista mundial, refletindo inclusive no Brasil.

2.7 A tentativa frustrada de tomada de poder

A sintonia dos trabalhadores mais esclarecidos e organizados nas entidades de classe (sejam sindicatos ou associações) acerca do processo revolucionário russo e seus desdobramentos é nítida, como acabamos de debater no tópico anterior. Porém, essa mesma sintonia transcendia às comemorações do fato revolucionário e o apoio à jovem República comunista, que estava sob o ataque das potências imperialistas. Sob influência direta, uma ação de vanguarda composta principalmente por anarquistas tentou assaltar o poder no estado do Rio de Janeiro, em 1918, e planejava se desencadear para os outros estados da federação brasileira. A tentativa de execução do plano foi no mês de novembro, e foi descoberto pela polícia devido a um agente infiltrado entre os líderes da "insurreição" anarquista.

Apesar da conjuntura excepcional no que tange à mobilização da classe trabalhadora, visto que já havia tido um movimento de greve geral e apesar de alguns ganhos econômicos dos trabalhadores das principais cidades brasileiras, não foram suficientes para acalmar os ânimos da luta de classes entre operários, patrões e o Estado, uma vez que as sucessivas greves e motins fizeram aquela conjuntura ter um certo acirramento. Entretanto, as condições objetivas para uma revolução operária não estavam dadas e nem as condições subjetivas. Nesse sentido, a greve "insurrecional" estava fadada ao fracasso, independentemente da infiltração policial.

Em 18 de novembro de 1918, foram presos os conspiradores do movimento, malogrando qualquer tentativa de greve "insurrecional", que tinha, em sua maioria, os anarquistas como Astrojildo Pereira, José Oiticica, Agripino Nazaré, João Pimenta, José Elias da Silva e Manuel Campus (alguns destes militantes migraram para o comunismo, chegando a fundar um partido comunista[51]). Esses militantes se articularam com entidades de classe, como a organização da associação dos têxteis denominada União dos Operários em Fábricas de Tecidos (UOFT), que era associada à União Geral dos Trabalhadores (UGT), ambas hegemonizadas por anarquistas. Porém, o plano fracassou e suas principais lideranças foram presas.

Esta "novembrada" teve, pelo menos, oito meses de preparação. O clima da revolução mundial desencadeada pela Revolução Soviética foi aclimatado por uma importante liderança da insurreição: Astrojildo Pereira. No texto de sua autoria *O Juízo Final*, Pereira, munido do entusiasmo, vislumbrava que:

> A exemplo da Rússia, um novo período de organização social, baseado nos reais interesses coletivos do povo e não no interesse monopolizador das pretensas elites. E não é preciso possuir visão de profeta para prever a decisiva influência que isso exercerá na Alemanha e na Itália. Na Alemanha, grandemente enfraquecido o poder da casta militar e governante, receberá o povo, a estrebuchar nas vascas da mais feroz pressão reacionária, um formidável impulso revolucionário, e então o execrado Império Alemão, com seus Hohenzollern, os seus junkers, os seus Hindenburg, Krupp e Hertling, terá passado ao monturo da História. Na Itália, a revolução será ainda mais rápida. O reizinho imbecil e a camorra política que o cerca e domina a situação irão de pantanas em 24 horas, irremediavelmente. Ora, atrás da Áustria, da Itália, da Alemanha... virá o resto. Será o juízo final da burguesia. Pensando nisso é que eu me regozijo com a sova que os exércitos austríacos estão apanhando neste momento. Porque eu espero que o juízo final chegue também por cá, por estes Brasis amados. Ah! não me sai da mente esta luminosa idéia: subir as escadas do Catete e pegar pela gola o patife que lá estiver a presidir e arremessá-lo das janelas do segundo andar, a esborrachar-se integralmente no asfalto (Crônicas subversivas, Rio de Janeiro, ano 1, n. 5, 29 de junho de 1918).

---

[51] Todos esses militantes que participaram da insurreição anarquista e que migraram para o comunismo, fundando o primeiro partido comunista do país, tinham como concepção a importância do partido para catalisar a luta dos trabalhadores, que seria o núcleo organizativo da classe operária. Assim, esses militantes, como Astrojildo Pereira, Everardo Dias e Octávio Brandão, escreveram em suas memórias que o "fracasso" da classe trabalhadora, nos anos 1910, foi, em grande medida, à falta dessa coordenação nucleada por um partido operário. Para melhor aprofundamento ver: DIAS, Everardo. *História das lutas sociais no Brasil*. Alfa-Omega. São Paulo, 1977. p. 104; PEREIRA, Astrojildo. *A formação do PCB*: notas e documentos (1922-1928). Rio de Janeiro: Editorial Vitória, 1962. p. 32; BRANDÃO, Octávio. *Agrarismo e industrialismo no Brasil*. São Paulo: Anita Garibaldi, 2006.

Essa análise da situação internacional, averiguada por Pereira, coadunava com a situação interna brasileira, especialmente no estado do Rio de Janeiro, que era, segundo ele, uma das principais cidades do país por sua forte concentração operária, devido ao seu grau de industrialização. Assim, o futuro fundador do Partido Comunista Brasileiro estava otimista com a nova "onda" de greves no Rio de Janeiro no mês de setembro de 1918, na qual esse movimento grevista desdobraria à redenção da classe operária:

> Não só no Rio se verifica, atualmente, este promissor reerguimento das energias proletárias. Pelos estados fora, principalmente, como é natural, nas cidades mais industriosas, vai a classe operária reforçando-se nas organizações de classe, sistemáticas e solidárias. Movimentos e agitações se manifestam, aqui e ali, demonstrando vitalidade e consciência. [...] Enfim: há que rejubilar-se ante a aura renovadora, a aura vivificante, a aura fecunda que perpassa, de norte a sul, pela massa proletária do Brasil.A grande hora se aproxima, amigos! (Pereira, 1918 *apud* Addor, 1986, p. 155).

O mês escolhido pela vanguarda tomada de poder foi justamente o mês de novembro. Apesar da coincidência por ser o mesmo mês da Revolução de Outubro (novembro, no Brasil), o elemento mais importante para a desejada tomada de poder foi a grande greve que estava em curso no Rio de Janeiro e teve o seu pico mais alto em novembro do mesmo ano, pois, segundo Addor (1986), cerca de 20 mil trabalhadores se encontrava em estado de greve. A partir dessa greve, o plano seria executado no Rio de Janeiro, como descreve *O Jornal do Brasil*:

> Os operários cujas fábricas já se acham fechadas há dias encaminhar-se-iam para o campo de São Cristóvão. Os das fábricas de Vila Isabel, Andaraí e subúrbios também deviam estar às 16 horas no mesmo campo de São Cristóvão.
>
> Aí reunidos em grande número atacariam a intendência de guerra, após apossar-se-iam do armamento e do fardamento.
>
> Fardados os amotinados e quando chegassem as forças do as forças do exército estabelecer-se-ia a confusão e então esperariam que os soldados confraternizariam com eles. Partiriam em dizer dinamismo era prefeitura, daí iriam Quartel-General da brigada policial.

Enquanto estes executam esta parte do programa, os operários da Gávea e do Jardim seguida o da câmara, pretendendo o maior número possível de deputados.

Então seria proclamado o conselho de operários e soldados (19 de setembro de 1918).

Esse plano foi facilmente descoberto devido à infiltração de um agente do exército chamado Jorge Elias Ajus. Porém, como já anunciamos, as chances de algum êxito eram mínimas. No entanto, a grande imprensa da época viu essa tentativa frustrada como uma aflição, expressa no editorial chamado *Ameaça Anarquista*, no qual começa dizendo que,

Os acontecimentos que se passaram ontem nesta cidade devem ter trazido todas as classes conservadoras da convicção de que não é mais possível transigir com os agitadores, que procuram arrastar o proletário brasileiro a uma perigosa aventura, para repetir no nosso país as cenas de anarquia que desorganizaram a Rússia, e eliminaram a politicamente, do convívio das nações o antigo império moscovita.

E segui os ataques da imprensa ao movimento operário revolucionário:

Quando movimento revolucionário vem para as ruas lançar bombas e tentar assaltar os depósitos de material bélico, não é mais tempo de discutir reivindicações e de argumentar teorias sociológicas. É hora de ação, de ação enérgica, de ação inflexível, sem hesitações, e sem tremores, para defender a ordem pública, para proteger a propriedade particular, para assegurar inviolabilidade dos lares, ameaçado pelo saque e violência da mashorca (sic).

E elogia a repressão como salvaguardo-a ordem:

Graças a vigilâncias da polícia, dirigida pelo ilustre Sr. Aurelino Leal, a revolta preparada pelos que se arvoravam em chefes maximalistas, não conseguiu dar um golpe de surpresa como pretendia com que pretendia apodera-se desta capital. A ação pronta e enérgica foi segundada admiravelmente pelo nosso glorioso exército, que, sempre fiel as tradições republicanas e legalistas, acudiu, cooperando, com decisiva eficácia, para abafar, no nascedouro, a sublevação, que, se não tivesse sido imediatamente esmagada, poderia ter marcado a data de ontem como a página mais triste da nossa história.

> É necessário assinalar bem claramente a energia da repres-
> são, dedicação das autoridades policiais e do pessoal subal-
> terno do serviço da segurança pública, a eficiência e a disci-
> plina da força policial e o entusiasmo do exército na defesa
> da ordem social [...] (O País, 19 de novembro de 1918).

Este editorial que acabamos de reproduzir em partes, mostra como a classe dominante estava angustiada e, ao mesmo tempo, eufórica com a repressão desse movimento "insurrecional". A burguesia, por meio do Estado, intensificava a repressão contra o movimento operário, acusan-do-o sempre de querer transplantar o modelo maximalista no Brasil. Ao memo tempo, a elite brasileira começava a se preocupar ainda mais com os rumos do movimento operário, sobretudo com a alternativa real ao capitalismo que a Revolução Russa abriria naquele momento.

Tal tentativa de tomada do poder no Rio de Janeiro, mesmo sendo irrealista, foi um recado sintomático de que os ecos de Moscou chega-ram ao Brasil. Portanto, a burguesia começa a considerar a ideia de uma legislação social que pudesse, de uma vez por todas, afastar penetração de ideias revolucionárias na mentalidade dos trabalhadores brasileiros. No próximo capítulo, discutiremos como a legislação social, encarnada no Código do Trabalho, entrou no cenário político social brasileiro e como a Revolução de Outubro impulsionou esse debate no Brasil.

3

DO TEMOR A REVOLUÇÃO À SOLUÇÃO DA MESMA: ACENDE DEBATE SOBRE A LEGISLAÇÃO SOCIAL NA POLÍTICA BRASILEIRA

3.1 Um aspecto ronda a grande imprensa brasileira: o maximalismo mundial

No primeiro capítulo, discutimos como a Revolução Russa incendiou a conjuntura mundial, abrindo para a possibilidade do movimento operário e seus respectivos partidos entrarem em combate contra suas burguesias, objetivando a derrubada do sistema capitalista. A sociedade brasileira, mais precisamente a elite e a classe média letrada, por meio da grande imprensa, acompanhou atentamente o desenvolvimento da Revolução Russa com a preocupação ángustiante da burguesia brasileira. Para exemplificar, um jornal de Recife, ligado ao governador Manuel Borba, publicou um texto intitulado *O Problema dos Problemas*, onde argumenta que o mundo vive sob ameaça das forças das ideias hereges, que desestabilizam a ordem estabelecida e a paz mundial:

> Questão sombria e temerosa que tem enublado o fronte dos sociólogos e, mais ainda dos capitalistas em todas as sociedades, o problema do proletariado, visto que através das **doutrinas subversivas do maximalismo, de que se acha imbuído, Produz na hora atual profunda e tenebrosa crise da ordem e paz universal.**
>
> Estamos vendo como essa força socialista se arregimenta, se disciplina, se propaga, se avoluma a medida que realiza mais uma conquista no terreno das suas ideias, infiltrando-se nos seios das sociedade, modificando as relações civis, transformando o direito, amoldando as legislações as suas doutrinas, no intuito de assentar os alicerces de uma nova sociedade. O movimento que se tem desencadeado por toda parte, sobre bandeira rubra do maximalismo,

> não visa somente a consecução dos meios práticos que possam assegurar melhores direito ao proletariados contra os possíveis explorações dos plutocratas [...] (Diário de Pernambuco, 6 de junho de 1919, grifo nosso).

Esse fragmento do texto reproduzido mostra que, no campo das ideias, o maximalismo está se espalhando pela Europa. Devido às condições precárias do proletariado, o cenário se torna um campo fértil para as doutrinas "subversivas". O jornal *O País*, publicou em sua coluna internacional uma longa matéria sobre a situação de agitação social na Europa, da qual recortaremos um trecho para evidenciar o receio das elites brasileiras com o processo que estava ocorrendo no Velho Mundo:

> Parece, portanto, que longe de justificar a agitação revolucionária, que fermenta a Europa, a vitória dos aliados deve firmar as bases de uma organização social, política e econômica diametralmente oposta às doutrinas inspiradas no bolchevismo Russo, hoje emulado pelos sociais-democratas da Alemanha e seus correligionários da Holanda e Suíça. Mas a onda revolucionária que partiu da Europa oriental não é movido pelo o impulso e racional, sendo apenas expressão violenta instintos e de emoções, que não obedecem a orientações sistematizadora de um plano construtivo [...].
>
> **Para se poder apreciar a natureza da curiosa epidemia revolucionária que se vai alastrando pela Europa, é necessário insistir o caráter negativo desse maximalismo, inventado pela estranha mentalidade slava e tão facilmente aceito e apoiados pelas massas sublevadas nos países da Europa central** (18 de novembro de 1918, grifo nosso).

Já em outra matéria, o mesmo jornal expressou o medo da revolução social por meio dos motins e greves ocorridas na Argentina, como relatado sumariamente no primeiro capítulo, sobre as agitações operárias na América do Sul. A notícia foi publicada sob a manchete *O Maximalismo Internacional:*

> **Os acontecimentos passados, durante os últimos dias, em Buenos Aires, não somente nos advertem da gravidade da ameaça maximalista, como projetam uma viva luz sobre o verdadeira natureza desse estranho movimento que se propaga por todo mundo civilizado,**

> como uma onda devastadora a espalha anarquia e caos
> ao países assolado pelo flagelo [...].
>
> O fato do mujik moscovita do operariado alemão e do tra-
> balhador argentino encaram os problemas sob o mesmo
> ponto de vista e procuraram soluciona-lo pelo processo
> rigorosamente idêntico, bastaria para torna suspeito essa
> febre revolucionária. Mas, para mostrar que a movimentar
> essas explosões maximalistas, de que nós tivemos aqui no
> Brasil um caso, felizmente abortada está ação internacional
> de uma força organizada com o intuito de destruir em todo
> mundo regime social associado a nossa concepção de vida
> civilizada (O País, 12 de janeiro de 1919, grifo nosso).

O recorte dessa reportagem sobre o maximalismo internacional deixa bastante em evidência que o projeto de revolução atravessou o Velho Mundo e já estava minando a América, como ilustram os casos da Argentina e do Brasil. As linhas reproduzidas acima demostram que, o terreno onde há ideias adversas à civilização cristã e à propriedade privada, ganham espaços a ponto de os subalternos, influenciados pelos bolche-viques, tentarem implodir a sociedade capitalista por meio da revolução que é resultante da miserabilidade que atinge a classe trabalhadora, seja na Europa, na Argentina ou no Brasil.

Os jornais analisados[52], que abordaram a questão da agitação social mundial, trouxeram em suas páginas a discussão sobre a revolução que incendiou o mundo, apresentando-a como uma tragédia para a civiliza-ção. Segundo esses jornais, a revolução teve seu ponto inicial no leste da Europa e estaria contaminando o mundo de forma calamitosa. Por outro lado, essas notícias serviram como recurso retórico para convencer as autoridades políticas brasileiras a adotarem algumas medidas, sejam elas repressivas ou especificamente legislativas, para amparar a classe trabalhadora.

---

[52] Não são poucos os jornais da grande imprensa brasileira da época que deixaram os leitores informados acerca das tentativas de revoluções e centenas de motins e greves que se espalharam no mundo no pós-Primeira Guerra Mundial e Revolução Russa. No entanto, por opção nossa, escolhemos reproduzir estas três matérias no corpo do texto, por acreditar que seja primordial para acentuar a angústia de parte da nossa sociedade com os eventos internacionais. Portanto, só selecionamos estes jornais e essas duas matérias para abreviar essa discussão, pois achamos na base de dados da hemeroteca digital outros tantos jornais que também dissertaram sobre a conjuntura internacional de agitação social.

3.2 Tratado de Versalhes: proposta da "paz operária" e o governo brasileiro concorda

Ao término da guerra, a coalizão vencedora convocou uma Conferência Internacional, sediada na França, em julho 1919, com as principais potências envolvidas na guerra imperialista. O evento tinha objetivos claros: primeiramente, redefinir a reparação aos vencedores da guerra (ou seja, transferir as colônias africanas e asiáticas para os países vencedores) e punir o principal "responsável" pela eclosão do conflito. Segundo os países membros desse tratado, foi a Alemanha, impondo-se, portanto, um tratado humilhante em nome do equilíbrio e da "paz mundial".

A outra pauta que esteve na ordem do dia para os países que participaram dessa grande conferência foi, sem dúvida, a questão operária. Essa era uma preocupação que a burguesia internacional, por intermédio dos Estados nacionais, já havia manifestado meses antes.[53] No entanto, foi no Tratado de Versalhes que se debateu a solução para a "paz operária" dentro do escopo do capitalismo liberal.

Tentando debelar as agitações operárias em seus respectivos países e propondo a solução conciliatória por meio de uma legislação operária, como descreve um trecho da décima terceira parte do Tratado, que diz:

> Considerando que a sociedade das nações tem por fim estabelecer a paz universal, e que esta paz não pode ser fundada senão na base de justiça social; considerando que existem condições de trabalho que implicam para um grande número de pessoas a injustiça, a miséria e as privações, o que engendra tal descontentamento que a paz e a harmonia universais são posta em perigo; considerando que não-adoção por qualquer nação de um regime de trabalho realmente humano serve de obstáculo aos esforços de melhorar a sorte dos próprios países (Tratado de Versalhes, 1919 *apud* Moraes Filho, 1971, p. 182).

Esse trecho do documento nos indica os possíveis perigos apresentados por uma classe trabalhadora sediciosa, influenciada pelas teses dos partidos e movimentos radicais revolucionários, como já estava ocorrendo

---

[53] Em janeiro de 1919, houve uma conferência de paz em Paris que teve mais de 70 delegações do mundo inteiro (incluindo o Brasil) liderada pelo chanceler da Inglaterra, David Lloyd George, que, internamente, já estava adotando algumas concessões para a classe operária inglesa. Ele seria um dos porta-vozes da burguesia inglesa e internacional pela defesa de limitadas concessões operárias para combater o comunismo que vinha da Rússia. No Brasil, a sua postura foi merecedora de vários elogios por parte da grande imprensa.

na Europa: greves revolucionárias, motins e tentativas de assalto ao poder. Basta lembrar que, em 1919, o partido bolchevique, sob a liderança de Lênin, refundou a Terceira Internacional como instrumento de apoio à revolução mundial.

A questão da "paz operária", discutida em Versalhes, teve um desdobramento importante para a legislação social internacional em 1919: a criação de um órgão permanente, a Organização Internacional do trabalho (OIT). Essa organização, que existe até hoje como uma agência da ONU, foi criada com a intenção de promover debates entre os países signatários e de indicar medidas protetoras para a classe operária.

Em suma, todos esses debates internacionais sobre uma legislação trabalhista, capitaneados pelas principais potências imperialistas, estavam intimamente ligados a combater os perigos da Revolução Socialista, embora boa parte da historiografia que retrate a legislação internacional do trabalho não deixe claro esse aspecto. Naquela época, a imprensa estava acompanhando esses desdobramentos e acertadamente avaliou que um dos principais motivos era o perigo revolucionário:

> O clamor contra as diplomacia secreta, que desde os primeiros dias de guerra surgiu na Inglaterra, repercutindo mais tarde poros todos os países beligerantes, não teria sido talvez, bastante forte para desconjuntar a velha machina (SIC) tradicional das chancelaria, se a situação criado pelas dificuldades econômicas, que a guerra trouxe na sua esteira, não houvesse gerado, **por toda parte, fermentação proletariado de que, o bolchevismo russo é apenas uma expressão particular a que o desequilíbrio mental slavo deu uma forma extravagante do um comunismo radical** (O País, 20 de janeiro de 1919, grifo nosso).

Em seguida, o editorial avalia que a conferência teve uma função

> **Diante dessa melindrosa situação interna, em alguns países caracterizada em manifestações francamente revolucionárias, ao passo que outros se matem a aterradora ameaça, os governos são obrigados a mudar os antigos métodos diplomáticos e a tratar um assunto internacional, tendo sempre em vista as correntes de opinião popular nos respectivos países.** É certo que as condições da política doméstica sempre influenciaram as atitudes internacionais dos governos.

> A influência predominante da vontade das populações nas deliberações da conferencia assume uma importância capital, em relação as duas principais questões que ocuparão **atenção da conferencia, logo na fase inicial dos seus trabalhos: bolchevismo e a discussão geral do problema da liga das nações** (O País, 20 de janeiro de 1919, grifo nosso).

Os métodos a serem mudados, referidos no texto citado, são maneiras que cada país deve proceder para combater o bolchevismo interno na "conferência de paz" e a forma de tratar as aspirações operárias de cada país. Ou seja, fazendo concessões, mesmo limitando alguns diretos ao trabalho. Desse modo, os países deveriam,

> Imprescindível de defender a civilização europeia contra ameaça concretizada no coletivismo asiático de que se tornaram expoente organizados pelos sovietes moscovita. **A cruzada, aliás indispensável contra o maximalismo**, vai ser o primeiro centro das tempestade, que tanto quanto se pode apreender de longe, ameaçam desencadear sobre o congresso de Versalhes (O País, 20 de janeiro de 1919, grifo nosso).

Ao refletir sobre o desenvolvimento destes Tratados Internacionais, a grande imprensa brasileira chega a um consenso de que estas Conferências/Tratados são ações deliberadas dos países centrais para estabelecer a "paz mundial" e a "paz social", ou seja, combater o comunismo não somente pela força, como também no amparo (legislação trabalhista) às classes vulneráveis, contra as ações dos propagandistas revolucionários; por isto, apoiava essa iniciativa.

Já a imprensa ligada ao movimento operário revolucionário tinha a mesma percepção da grande imprensa sobre o caráter reformista desses Tratados, sobretudo da Organização Internacional do Trabalho. No entanto, a diferença é que a imprensa operária, intrinsecamente ligada aos elementos revolucionários da classe trabalhadora, denunciava a tentativa de reforma como algo para apaziguar a revolução em curso, uma vez que os trabalhadores não tinham nada a ganhar com uma legislação proposta pela burguesia. O jornal *Spartacus*, órgão dos anarco-comunistas,[54] lançou uma das suas diversas denúncias a essa iniciativa da burguesia internacional. Veja o editorial do jornal sobre a legislação proposta pela Conferência de Paz e pelo Tratado de Versalhes. O trecho deixa bem claro:

> **Poderão muitos obreiros a vista de tal legislação internacional do trabalho. Mas quando sentirem o "sabor" amargo dessa legislação que, como todas as legislações forjadas nas oficinas dos parlamentares burguesas,** tem resabios (Sic) de sangue e produz arrepios de dor, todos os operários se convencerão que não é de leis que precisamos.

No mesmo artigo, o jornal de ideologia anarquista argumenta que esta legislação foi criada para apaziguar a luta dos trabalhadores:

> A quem se sabe até os Estados burgueses nos oferecem essa legislação como um simples engodo que nos distraia até eles, os Estados, terem elementos para nos reduzir a uma maior submissão? Do Estado há tudo que esperar. O Estado é mais frio de todos os monstro – já dizia o zaratrusta. **Os trabalhadores tem a esperar uma emancipação "além" do Estado**, nessa região onde o indivíduo é o senhor de si próprio. Não pode coexistir o bem-estar dos trabalhadores e o Estado. Um exclui o outro (16 de agosto de 1919, grifo nosso).

A Organização Internacional do Trabalho, realizada 1919, em Washington, onde o governo brasileiro assume o compromisso oficial perante a organização de estudar os problemas internos do país e tentar elaborar uma solução para a questão do pauperismo pela qual passava a classe trabalhadora. Os grandes periódicos, como já demonstramos acima,

---

[54] O nome Spartacus foi referência a um escravo que virou gladiador e liderou uma rebelião contra seu dono. Assim, conseguiu atrair ao seu redor milhares de escravos que o mesmo conseguiu libertar, formando um exército de escravos que atemorizou Roma a ponto de, os escravos liderado por Spartacus, empreenderam várias e sucessivas derrotas contra as tropas do Exército Romano. Foi então que Roma enviou uma grande expedição militar para derrotar Spartacus e teve êxito. A referência à figura do escravo rebelde e libertador foi retomada pelo movimento socialista no início do século XX. Rosa Luxemburgo e Karl Liebknecht, lideranças destacadas no Partido Social Democrata Alemão, romperam e fundaram um grupo chamado *Spartaquista*, referindo-se ao líder dos escravos. Este periódico chamado Spartacus era ligado aos anarquistas brasileiros, que, sob a influência da Revolução Russa, fundaram um partido comunista em 1919, mas este mesmo não teve durabilidade por questões ideológicas, visto que o programa do partido era essencialmente anarquista. No entanto, a linha editorial deste jornal era composta pelos mais experientes e atuantes ativistas políticos pela causa operária, como Astrojildo Pereira, José Oiticida, (não custa lembrar que esses dois militantes participaram da insurreição anarquista no Rio de Janeiro), Octávio Brandão, Antônio Bernardo Canelas, entre outros.

estavam de total acordo com esses Tratados propostos pelos ganhadores da guerra, como também a inserção do governo brasileiro à OIT.

A imprensa ligada ao movimento operário revolucionário, semanas antes da conferencia de Washington, denunciou o caráter conciliador e pouco representativo para os operários. No texto chamado *A Conferência de Washington e Operariado Brasileiro,* assinalado por Antônio Bernardos Canellas, faz duras críticas ao governo brasileiro e sua real intenção:

> O governo brasileiro, como seria o seu dever, não fez ainda nenhum ao operariado organizado para escolher o seu representante a dita conferencia. Entretanto, já anunciou que a delegacia ficaria prontas por esses dias.
>
> Pronta? mas com quem? Qual foi a organização genuinamente organizado que já foi consultada neste sentido? Ou o governo pretende enviar para Washington alguns dos seus lacaios com o títulos de representante dos trabalhadores? ousará ele cometer mais essa infâmia? [...] não iremos lá por que essa reunião é obra da conferencia da paz e este conluio de modernos salteadores só trabalhou e trabalha pela escravização da classe operária. E si a conferência de paz nos pretende escravizar, que ao menos tente sem o nosso consentimento.
>
> Na conferência de Washington o governo terá dois votos. O capital um e o trabalho outro. Para falar claro, diremos que o trabalho terá um voto e o capital três por que o Governo e aliado, servidor do capitalismo. O ponto de vista capitalista, pois ali predominará três votos contra um (Spartacus, 20 de setembro de 1919).

Portanto, o comprometimento do país em relação à questão operária reacendeu um grande debate na sociedade brasileira, incluindo a política acerca da intervenção do Estado para formular uma legislação trabalhista. O objetivo era debelar o grande medo das elites brasileiras, que, naquela altura, temiam as possíveis ressonâncias da revolução que começou nos estepes de Petrogrados e pudesse chegar ao Brasil.

3.3 O assombro dos sovietes: reacende o debate sobre a legislação trabalhista no Brasil

A conjuntura de agitação operária que assolou o país entre 1917 e 1920 deixou as autoridades políticas e as elites preocupadas, especialmente com a tentativa de insurreição anarquista em novembro de 1918. Aliado aos acordos que o país assinala na Conferência Internacional do Trabalho, em 1919, e anteriormente no Tratado de Versalhes, tiveram reflexos profundos nas discussões no cenário político acerca de uma legislação operária. No entanto, a historiografia trata a questão da relação entre capital e trabalho na ordem liberal da primeira República, tomando como ponto de partida os tratados do pós-Primeira Guerra Mundial, considerados a principal e única arma retórica para pressionar o parlamento em votar a favor da adoção das leis operárias, uma vez que houve resistência de setores da elite em aprovar uma intervenção do Estado no que envolve concessões protetivas do capital ao trabalho.

Ângela de Castro Gomes (1979), em seu livro *Burguesia e trabalho: política e legislação no Brasil 1917-1937*, enfatiza: "neste sentido, a conferência de paz e o próprio tratado de Versalhes, do qual o Brasil é signatário, recomendam a instituição de um novo direito representativo da nova sociedade do pós-guerra" (p. 85).

Outra obra importante que discute a temática da ordem liberal e o trabalho no Brasil é a tese de livre docência de Luiz Werneck Vianna, *Liberalismo e sindicato no Brasil*, que, ao debater a construção da legislação trabalhista, faz referência à legislação internacional trabalhista aprovada no pós-Primeira Guerra e o compromisso do Brasil com ela. Segundo o autor, "esse compromisso foi determinante para a aprovação das Leis do Acidente do trabalho" (Vianna, 1978).

Portanto, a grande maioria dos estudos que tratam a temática da legislação social da Primeira República brasileira e seu debate no cenário político interno dá maior ênfase às determinações acordadas pelo Brasil no Tratado de Versalhes e na Conferência Internacional do Trabalho, e poucos são os que tratam da questão da Revolução Russa como elemento de maior preocupação das elites e impulsionador de um debate interno sobre uma legislação protetiva para os desamparados[55]. Porém, a defesa de uma intervenção do Estado na relação capital e trabalho não foi tarefa fácil no Brasil. Sob o tacão de um Estado liberal, tanto econômico quanto político, esse Estado tinha como discurso oficial, hegemônico e propalado pelas elites, a não intervenção na esfera econômica,[56] sob pena da ruína da economia do país.

No entanto, a proclamação da República, em 1890, não significou uma revolução na acepção clássica (Gomes, 1994), mas sim, a preservação do poder das mesmas oligarquias locais. A Carta Constitucional da Primeira República, de 1891, foi concebida sob o escopo do liberalismo e se caracterizava pela descentralização do poder, já que o poder passou para as mãos dos estados, que tinham constituições próprias. Assim, o poder central era escolhido pelas alianças das oligarquias latifundiárias estaduais e, por sua vez, o Estado dependia das alianças municipais (os coronéis).

A constituição trazia, pela primeira vez, o sufrágio universal. Todos os cargos do poder executivo e legislativo, nas esferas federal, estadual e municipal, tinham seus representantes eleitos pelo voto direto. Porém, várias camadas da sociedade não tinham direito ao voto, uma vez que mulheres, analfabetos (que eram em sua majoritária, os pobres da cidade e do campo), menores de 21 anos de idade, soldados e membros de determinadas ordem religiosas não votavam. Segundo Faoro (1976), cerca de 3% da população brasileira na Primeira República, estavam aptos a votar.

---

[55] Os trabalhos que conseguimos mapear sobre a influência da Revolução Russa sobre a tentativa de construção de uma legislação trabalhista no Brasil na Primeira República foi o já citado Moniz Bandeira, no seu trabalho seminal chamado *O ano vermelho: Revolução Russa e seus reflexos no Brasil*, que em um capítulo faz breves passagens sobre o debate que a revolução trouxe no poder legislativo. Outro trabalho recente que conseguimos averiguar foi de Lucas Goulart Oliveira (2015), em sua dissertação intitulada *Coerção e consenso: a questão social, o federalismo e o legislar sobre o trabalho na Primeira República (1891-1926)*. Essa dissertação traz um pouco sobre a questão Internacional, que influenciou o debate da legislação a Revolução de Outubro, no entanto faz pouca menção e não alonga o debate. Porém, no que tange às consequências da Primeira Guerra e as reuniões internacionais sobre a proposta de paz operária, que se reverberou na Conferência Internacional do trabalho, ele dedica o terceiro capítulo, "As consequências do pós-Primeira Guerra e a apropriação do discurso econômico à questão social" a demonstrar que os debates no legislativo foram construídos sobre as determinações acordadas internacionais pelo Brasil em 1919.

[56] Quando fala em não intervenção do Estado na economia leia-se regulação do mercado de trabalho, regulação do Estado na economia, intervenção do Estado em favor dos mais pobres, mesmo dentro do escopo capitalista, além do Estado intervir nos serviços básicos, como saúde, educação, segurança, previdência etc., ou seja, a teoria liberal e seus ideólogos são contra a intervenção do Estado em seus negócios e de um Estado previdenciário, porém, é bom lembrar que o capitalismo depende intimamente do Estado para se reproduzir e para se proteger contra os subalternos, aqueles que não desenhem os meios de produção.

Esses dados deixam claro que a participação política era bastante marginalizada e excludente para os subalternos. Além disso, ainda tinha o fato de a eleição ser totalmente manipulada, uma vez que o aparelho político-burocrático era controlado pelos coronéis nos municípios e também a coerção que eles exerciam nos currais eleitorais, ou seja, o voto de cabresto.

A Primeira República foi engendrada e moldada para atender aos interesses da burguesia agrária cafeeira, precisando restringir a participação ampla das camadas populares, cuja essência do regime republicano era a partilha do poder entre as oligarquias.

Contudo, esse caráter restrito que se refere à participação política no regime liberal brasileiro, levou muitos estudiosos a dizer que a prática liberal foi deformada pois, "Os resultados substantivos obtidos e os métodos de governo utilizados estavam longe daquilo que um Estado liberal eficaz deveria exibir" (Santos, 1978, p. 35). Certamente, o autor caracteriza o tipo de liberalismo brasileiro como *suis generis* em relação aos Estados liberais da Europa. Porém, discordamos dessa acepção, pois o liberalismo, tanto na Europa quanto nos Estados Unidos, em muitos momentos não desenvolveu o sufrágio universal de forma a garantir o direito à cidadania para todos, somado a diversos mecanismos de fraudar o direito à cidadania da população[57].

Demostraremos nas próximas páginas que os discursos dos grandes jornais, ligados ao status quo, tinham o objetivo de fazer concessões, ainda que mínimas, à classe trabalhadora antes mesmo de 1919 – ano e que o governo brasileiro que se comprometeu a legislar para os mais pobres.

Em suma, o debate na então jovem Primeira República ganhou ares nunca antes vistos, pois, pela primeira vez na história da República brasileira, os trabalhadores entraram no cenário político, seja pela própria força organizativa e reivindicatória, seja pelo medo de parte das elites, que viam na classe trabalhadora, totalmente desprotegida, uma espécie de "bomba relógio" que poderia explodir a qualquer momento.

Nessa medida, o primeiro projeto de uma legislação social de cunho nacional – antes, algumas leis mais específicas e comedidas se restrin-

---

[57] Domenico Losurdo (2004), em seu livro *Democracia ou bonapartismo*, mostra como, na teoria e na prática, o liberalismo foi antagônico ao sufrágio universal em vários momentos da história, desde o século 19 ao XX, nos países da Europa Ocidental e nos Estados Unidos. Losurdo demonstra, por meio dos intelectuais liberais, a ojeriza que eles tinham em relação ao direito de os subalternos participarem da vida política desses Estados, desde Alexis de Tocqueville e Benjamin Constant, no século 19, mas também no século XX, com os intransigentes ideólogos: Ludwig von Mises, Friedrich August von Hayek e Milton Friedmam. Losurdo demonstra que esses três últimos eram os mais intransigentes defensores de uma democracia restrita, à participação do povo em geral, sem falar que esses teóricos do ultraliberalismo econômico apoiaram ativamente ou viram como "civilizatório" os regimes nazifascismo da Europa e, para Mises, o regime comandado por Hitler e Mussolini. Milton Friedman, por exemplo, deu consultoria ao governo ditatorial de Pinochet, no Chile, implantando o programa ultraliberal neste, fazendo o Chile do laboratório da ultraliberal. Além disso, Friedmam, era um apoiador ferrenho do colonialismo na África e na Ásia, chegando a lamentar que esses países tenham se libertado cedo demais. Já o patriarca do neoliberalismo, Hayek, tinha uma ojeriza tremenda ao sufrágio universal, pois para ele, a *Declaração Universal dos Direitos Humanos* era nada mais, nada menos que uma herança nefasta do marxismo-leninismo russo. Em suma, ainda segundo Losurdo, esses três autores tinham como concepção de democracia de mercado, ou seja, aqueles que deveriam ter mais peso no sufrágio universal, são justamente aqueles que detém propriedade, já que, só eles podem propor um regime de liberdade econômica. Na esfera da prática, os Estados liberais da Europa, sob a tacão do sufrágio universal que se diga-se de passagem, foi uma conquista dos subalternos em vários momentos históricos, desde a Revolução Francesa, com o governo Jacobino, posteriormente as Jornadas da Revolução de Fevereiro, de 1948 na França e por último a Revolução Russa. Porém, a burguesia em momento de calmaria sempre usou o mecanismo de restringir a participação da classe trabalhadora na política desses Estados. Implantando desde o voto censitário averiguado em muitos países da Europa, como também criando a categoria de "estrangeiro", como povos de outras etnias ou raças que não fossem originários desses países. Além da exclusão de mulheres e analfabetos, esse último era composto pela grande maioria da classe subalterna. Na Inglaterra, adotou-se um mecanismo mais sofisticado para exclusão da plebe: a criação de um sistema bicameral, dividido entre a Câmara dos comuns e A Câmara dos lordes., na qual esta última, composta pela elite inglesa, podia vetar qualquer projeto advinda da Câmara dos comuns que atendia os despossuídos. Sendo assim, o liberalismo nunca aceitou o sufrágio universal como forma de participação do povo na política. Para ver essas questões aqui debatidas e mais, consultar: LOSURDO, Domenico. *Democracia ou bonapartismo*: triunfo e decadência do sufrágio universal. Rio de Janeiro: Editora UFRJ; São Paulo: Editora Unesp, 2004.

giam a municípios ou estados da federação – para a classe trabalhadora foi o *Código do Trabalho*, apresentado pelo deputado carioca Maurício de Lacerda, em maio de 1917.

Portanto, foi nessa conjuntura de agitação operária interna e da Revolução Russa que, pela primeira vez, essa pauta foi discutida no legislativo como medida cautelar. O próprio deputado, em suas memórias, revelou que

> Agitação **operária na Rússia parecia ter repercutido no seio das classes do Brasil**, provocando reações do trabalho contra o capital, agravadas pela situação e financeira do país, já melindroso pelas dificuldades da vida criadas pelo conflito europeu: cumprindo lançar-se a nova lei 'comoções necessárias' ao fim colimado numa democracia e que não podia senão 'o código do trabalho' (Lacerda, 1980, p. 93, grifo nosso).

Os grandes jornais da época, apesar de a maioria deles adotar uma linha editorial liberal e conservadora, principalmente no que tange à defesa do credo da ortodoxia econômica, começaram a mudar a sua percepção em relação à intervenção do Estado na economia, sobretudo no mercado de trabalho. Um dos principais periódicos do Brasil naquela ocasião era o Jornal *O País*, o principal formador de opinião das elites e da classe média brasileiras no que se refere às questões de cunho nacional.

Este jornal e outros fizeram a defesa de uma legislação trabalhista, a partir do *Código do Trabalho,* proposto ainda em 1917[58]. Em detrimento dos perigos da classe operária desprotegida, mas sem deixar de demarcar sua linha política conservadora, o periódico publicou uma manchete com o seguinte título: *Código do Trabalho:*

> A atitude desta folha, em relação aos problemas trabalhistas, que surgiram no meio brasileiro, como resultado da expansão da indústria do país. Jornal republicano conservador, *o País* **tem procurado neutralizar a influência maléfica da propaganda subversiva dos agentes anarquismo revolucionário**, fazendo sentir aos operários a solução dos problemas o os preocupam só poderá ser obtida pela conciliação dos interesses do trabalho e do capital. Mas, na análise destas questões nunca perdemos

---

[58] Logo após a greve geral de 1917, o jornal *O País* publicou uma matéria sobre o código do trabalho na qual defende esse projeto para que os trabalhadores não caíam sob a ideologia socialista (5 de agosto de 1917).

de vista o fato essencial de que **não será possível evitar os perniciosos efeitos da propaganda dos pregadores da anarquia, se não fizemos ao proletariado justiça de que ele tem direito** (O País, 29 de julho de 1918, grifo nosso).

Meses após a apresentação do projeto de Maurício de Lacerda, foi formada uma comissão de Constituição e Justiça na Câmara para avaliar se o Código do Trabalho tinha legitimidade de acordo com a Constituição Federal. No entanto, o projeto não foi aprovado na comissão e ficou encalhado na Câmara. Coube a Nicanor Nascimento, com algumas modificações no projeto original, reativá-lo para ser posto em votação na casa. O jornal *O País* elogiou a iniciativa e viu nela uma medida necessária naquele momento, diante do acirramento de classes:

> Condescender, nesta hora, **com a propaganda subversiva dos agitadores anarquistas** seria comprometer o êxito da obra nascimento cívico e de fortalecimento nacional que governantes e governadores procuram realizar; seria preparar, **para o Brasil, dias terríveis como atravessam os velhos povos minados pelo socialismo** [...].

A seguir, o Jornal continua a matéria argumentando que a Câmara acertou em reativar o projeto:

> Ao contrário, apesar de todos os erros e todos os males que têm flagelado a nossa insipiente democracia, jamais de procurou no Brasil errar, para classe proletária, uma situação iniqua. Ainda recentemente a câmara dos Deputados, atingindo aos apelos que lhe foram dirigidos por homens de grandes responsabilidades na política republicana, iniciou a elaboração do código trabalho (10 de fevereiro de 1918, grifo nosso).

A já supracitada insurreição anarquista de novembro de 1918, no Rio de Janeiro, estava incorporada aos acontecimentos internacionais de revoltas, motins e revoluções sociais ocorridos na Europa. Todos os grandes jornais do país acompanhavam detidamente, exercendo uma pressão de parte das elites, expressa por meio dos editoriais dos grandes jornais.

O País publicou uma grande manchete de capa, chamada *O problema operário*, onde faz a defesa de que só há duas maneiras de resolver o problema da classe trabalhadora no Brasil: a primeira, com repressão policial aos agentes *maximalistas e anarquistas*, e a segunda, com reformas sociais, ou seja, com uma legislação trabalhista. Vejamos o que diz parte do texto:

A situação é, pois, calma e tranquilizadora. Mais uma vez os instintos profundamente conservadores da sociedade brasileira souberam reagir com decidida repulsa, contra ação traiçoeira dos elementos deletérios que vivem a explorar a boa fé das classes operárias. durante cerca de duas semanas, persistiu o receio extravagancia **maximalista em que se empenharam, do um lado, alguns espíritos alucinados por leituras indigestas e sugestões perigosas, e, de outro lado, alguns exploradores sem escrúpulos, pudesse apresentar [...]**

Os operários repudiam qualquer solidariedade com o intuito **subversivos dos agentes anarquistas, que sonham com largo ensaio maximalista no Brasil, é indispensável que os poderes públicos, já agora perfeitamente esclarecidos dos vários e complexos do nosso problema social, prossigam, resolução e firmeza**, no caminho da iniciativa e das reformas, sem as quais não poderíamos solucionar os agudos problemas que defrontamos e que envolve, de fato, interesses vitais da nacionalidade. [...]

O problema não está sendo encarado de modo lateral e incompleto. Enquanto, desempenhando a sua melindrosa função social, que é de defender a ordem, a polícia coíbe as agitações anarquistas e garante a liberdade de trabalho e o direito da propriedade, a câmara dos deputados dedica o melhor dos seus esforços à solução do proletariado (8 de dezembro de 1918, grifos nossos).

Quando o Código do Trabalho foi travado, no final de 1918, os grandes veículos de comunicação fizeram apelos para que outra legislação social fosse colocada na ordem do dia, pois o perigo ainda era eminente, visto que o *maximalismo* conseguiria arregimentar aqueles operários desamparados. O jornal carioca, publica uma notícia sobre o *maximalismo internacional*, na qual alerta às autoridades políticas internas da ameaça que representa no Brasil:

Mas seria um erro deixar que esse trabalhador feliz, cuja sensibilidade emotiva o levar a sacrificar os seus interesses, para correr atrás de chimericar (SIC) teorias de metamorfose social, fosse explorado e convertido ao anarquismo, **por se julgar injustamente tratado pelos poderes públicos do seu país. Afim de evitar que tal aconteça, cumpre a decretar, quanto antes a legislação trabalhista, que**

> dará ao operário brasileiro a tranquilidade e confiança na estabilidade na posição jurídica, e que tem direito no mundo industrial.
>
> Completando essas medidas de ordem social, é indispensável que as autoridades incumbidas de zelar a ordem pública e pela segurança da sociedade sejam facultados, por todos poderes da república, os recursos legais e materiais que se tornem necessários para exercer severa vigilância sobre os agentes conspiração internacional maximalista.
>
> **Se combinarmos judiciosamente a ação moderadora de uma legislação inteligente com a energia em relação a toda tentativa de perturbação da ordem pública, conseguiremos atravessar a tempestade, tão violenta quanto efêmera, do maximalismo, poupando a sociedade brasileira de calamitosa desse flagelo mundial** (12 de janeiro de 1919, grifos nossos).

Em suma, a maioria dos grandes jornais de orientação capitalista naquela conjuntura defendeu uma legislação operária, diante dos problemas sociais que os trabalhadores estavam inseridos e do seu potencial "perigo". Entretanto, utilizamos o exemplo de *O País* por ser o jornal governista e também por ter maior inserção nas elites da República Velha.

Outro grande jornal que se destacou por defender de forma incisiva uma legislação social mais "radical" para os trabalhadores foi o periódico socialista *A Razão,* que defendia a conciliação entre capital e trabalho e era contra a revolução social. O fato é que esse periódico deu bastante ênfase ao temor revolucionário para comover a opinião pública a apoiar uma legislação trabalhista:

> Em qualquer outro país, uma notícia dessas, com tal fundamento seria considerada um verdadeiro absurdo ou então um simples "blague" (SIC). Mas no Brasil, por isso mesmo, a força é reconhecer a sua procedência. Com a sua deficientíssima educação democrática, os nossos homens públicos são incapazes de defender que, justamente em virtude dos gigantescos acontecimentos que desenrola no velho continente, e dos quais a **situação da anárquica na Rússia é uma consequência lógica, chegou para todas as nações o momento improrrogável de resolver o problema proletário, procurando enquadra sua solução dentro das leis,** se não quiserem aceita-la a força de todos os princípios que sustentam a moderna civilização.

> Longe de ser uma justificativa para os receios pueris dos nossos legisladores, **o exemplo russo deve servi de forte estimulo à sua atividade** (A Razão, 28 de junho de 1918, grifos nossos).

Já em outra matéria, intitulada *Os operários*, há um apelo ao presidente, argumentando:

> Desde que o Sr. Presidente da república estivesse noção das suas melindrosas responsabilidades, e se compenetrasse do inelutável dever, que lhe correr, de acudir as angustia do proletariado, essa é que seria a sua atitude em face das reivíndicações operárias. **Código do trabalho e o barateamento da vida ficariam com que cessassem todas as agitações.** Por que esteja o Sr. Wenceslau Braz certo disso, os operários não reclamam por prazer de reclamar, mas por que a fome invade os lares e a injustiça lhe oprime e os desespera. Não há um único operário que, nestas horas, pense em atitudes subversivas ou queira prejudicar os interesses da defesa nacional. O que todos querem é que façam alguma coisa em seu favor, é que não se os abandonem, é que não se os sacrifiquem à sanha dos poderosos. Isso é o que o chefe da nação precisa compreender (A Razão, 8 de julho de 1918, grifo nosso).

Ao final do ano de 1918, *A Razão* lamenta[59] a derrota do projeto de Maurício de Lacerda na Câmara. O projeto foi logo foi substituído pela Lei de Acidente do Trabalho, que era, na verdade, o artigo quatro do Código do Trabalho, proposta pelo deputado pernambucano Andrade de Bezerra.

No artigo chamado *Os interesses nacionais face aos projetos de legislação social*, há uma defesa da emergência de uma legislação social assim como também de uma lei que limite ao máximo a entrada de estrangeiros no país. Vejamos o conteúdo da matéria:

> **Estão sendo debatidos na câmara dois projetos da mais alta importância. Primeiro é sobre o acidente do trabalho; o segundo, sobre a entrada de estrangeiro no território nacional.**
>
> **Há, entre esses projetos, uma certa conexão, por que um e outro visam o resolver problemas graves interesses**

---

[59] *A Razão* lança um editorial em tom fúnebre sobre a não aprovação do Código do Trabalho na Câmara, mas na mesma matéria faz um apelo para que o projeto que o substitui abarque a proposta anterior (5 de dezembro de 1918).

> sociais e econômicos e que dizem respeito, também a
> situação das classes proletárias. E é por isso que comen-
> tamos sem os desassociar, antes apreciamos um ponto de
> vista comum. [...]
>
> **Mas, de qualquer maneira, é indispensável a decretação
> de uma lei regulando a entrada de estrangeiros no terri-
> tório nacional. E do mesmo modo necessário melhorar
> e aperfeiçoar a nossa legislação sobre o trabalho. Só
> assim poderemos remover muito dos perigos que amea-
> çam o nosso futuro e que comprovam a imprevidência
> dos nossos governos impatriotismo e a capacidade dos
> nossos estadistas.**
>
> O Brasil não pode ficar isolado. Todos os países sofrem
> esses efeito renovadores e fecundos das grandes ideias e
> dos fulgarantes princípios que a guerra veio tornar vito-
> riosos. Todos os governos procuraram satisfazer as aspi-
> rações operárias, banindo e repudiando velhas praxes e
> transformando que antes pereciam definitivos. Não seria
> possível que o Brasil permanecesse insensível diante desse
> maravilhoso espetáculo de renovação social e econômica.
> Evoluamos, pois. É estejamos certos de que essa evolução
> se opera com os políticos ou a despeitos dos políticos (9 de
> dezembro de 1918, grifos nossos).

Essa defesa do jornal em relação à implementação de uma lei que restringisse a entrada de estrangeiros no território brasileiro era para delimitar os verdadeiros perturbadores da ordem pública: estrangeiros *maximalistas e anarquistas*, pois eles poderiam influenciar os trabalhadores nacionais nas aventuras revolucionárias. Portanto, para esse jornal de orientação trabalhista, era de suma importância que fossem combatidas as influências dos propagandistas que queriam copiar o modelo russo aqui em terras tropicais[60].

No entanto, a melhor medida que se podia tomar para enfren-tar a problemática da revolução social e suas influências nas fileiras do

---

[60] Era muito comum, os editoriais tanto do *O PAÍS ou A RAZÃO* fazer uma diferenciação entre os trabalha-dores nacionais honestos que fazem greves ou protestam contra as duras situações da vida material, e os agentes "estrangeiros" (as lideranças revolucionárias) que, segundo esses periódicos, poderiam "contaminar" os trabalhadores nacionais com suas teses revolucionárias para aplicarem o modelo bolchevique no Brasil. Nesse sentido, todas as grandes greves que houve neste período, os jornais faziam um apelo para que o Estado elaborasse ou aprovasse o Código do Trabalho, pois, só assim, repeliriam de uma vez por todas as influencias dos propagandistas "estrangeiros".

operariado era a legislação trabalhista, como já estava ocorrendo na Europa, vejamos:

> Chegou o tempo, porém, de ser ouvida a voz dos nossos operários, como o está sendo a dos seus irmão na Europa. Que, pois, os nossos dirigentes e industriais a ouçam e atendam, indo ao encontro da suas reivindicações. É assim que evita a revolução social; **Chegou o tempo, porém, de ser ouvida a voz dos nossos operários, como o está sendo a dos seus irmão na Europa.** Que, pois, os nossos dirigentes e industriais a ouçam e atendam, indo ao encontro da suas reivindicações. É assim que evita a revolução social; é assim que resolve a questão social; é assim que se defende a sociedade; é assim que se serve a civilização (A Razão, 28 de março de 1919, grifo nosso).

O debate sobre a legislação trabalhista no Brasil, além de contar com o apoio da grande imprensa brasileira, considerada um dos aparelhos privados de hegemonia, foi um tema importante na campanha eleitoral de 1919, que tinha dois principais candidatos.

O primeiro era o senador paraibano Epitácio Pessoa, e o seu oponente era o então prestigiado senador baiano Rui Barbosa. Rui Barbosa tinha um perfil político ideológico afinado com o liberalismo inglês que acreditava que o Estado nunca deveria intervir na esfera econômica. Barbosa era um típico intelectual orgânico das oligarquias regionais e também um defensor do modelo político então vigente no Brasil.

Porém o senador deu uma guinada nos seus credos liberais, pois na campanha presidencial era um dos principais candidatos, fez uma campanha em cima de criar leis protetivas aos trabalhadores. Contudo, até então Rui Barbosa nunca tinha se pronunciado em defesa dos operários, ou mesmo mencionado a situação dos trabalhadores urbanos (Pinheiro; Hall, 1981).

Em sua campanha presidencial, Rui Barbosa fez várias conferências pelo Brasil. Em uma dessas conferências realizada em março de 1919 na Associação Comercial do Rio de Janeiro – dirigindo-se, assim, a uma certa facção da burguesia – ele defendeu as medidas que estavam sendo adotadas na Europa em matéria de legislação social, em respostas às ameaças da anarquia revolucionária, pois os Estados nacionais enfrentavam o problema por meios de reformas sociais e legislativas,

> **Ousadas reformas, e medidas transcendentais.** Na ausência destas, as nações não se revolucionam: decompõe-se, vão-se dissolvendo num estalar crescente de todas as juntas do aparelho social [...]
>
> **A dissolução pela anarquia rejeita a sociedade, rejeita a religião, rejeita a pátria; rejeita a história, substituindo tudo pela mera inversão dos fatores da injustiça social.**

E continua:

> Assim que, senhores, já não é, hoje, a anarquia uma palavra, mal vago, remoto, exótico, dominável pela força organizada. É uma alucinação reduzida à prática. É um pesadelo introduzido na vida real. **É uma contingência iminente, um perigo à porta, e poderia vir a ser, de um momento para o outro, uma realidade atual.**

Alertando sobre a questão do bolchevismo no mundo, ele argumenta que o mundo já está procedendo sobre a questão de "O mundo inteiro o está sentido. O mundo inteiro contra ele se reveste de forças morais, elevando as suas concepções da sociedade, revolucionando as suas leis, democratizando as suas constituições, entregando aos povos a solução dos seus problemas."

E finaliza o seu discurso advertindo a sociedade conservadora de que:

> Ai do povo, que se não envergonhe de tal força! Ai de vós classes conservadoras! Se não souberdes levar a nação brasileira à sua reingressão na posse de si mesma, não são unicamente as instituições as que **periclitam**: é a sociedade toda a ordem humana e divina, abandonadas às ondas estrangeiras, que para nós avançam: às ondas bárbaras, **que devastam a Europa Russo-Gemânico**, e as ondas civilizadoras, que passaram por Cuba e Porto Rico. **A anarquia Protetorado ou anarquia, a formula do nosso destino. Se o Brasil não acorda. Se a nação não se conquista. Se um grande povo não se envergonha de se deixar e desonrar por meias dúzias de ciganos pernósticos e arrojados** (1956, p. 58-60, grifo nosso).

Barbosa (1956) converge com as principais linhas editoriais da grande imprensa no que tange à defesa de uma legislação trabalhista para conter as ondas do coletivismo asiático, que tiveram seu ponto de partida na

Rússia. Ele utiliza a retórica de que as civilizações avançadas da Europa estão combatendo essa ameaça por meio de leis "revolucionárias". Além disso, o senador tenta persuadir a classe conservadora da importância de que o país também adote reformas. Ele recorre ao discurso do medo, alertando sobre o risco que a sociedade brasileira enfrenta devido ao total desprezo do poder público e das classes dirigentes ao ignorarem o que estava acontecendo no mundo, ou seja, a necessidade de uma legislação social como antídoto contra a anarquia.

No dia 22 de março de 1919, no Rio de Janeiro, no Teatro Lírico para um público mais diverso, ele falou sobre a legislação social e revisão constitucional. Àquela altura, o Código do Trabalho já tinha sido derrotado na Câmara dos Deputados, sob a alegação de inconstitucionalidade feita pelos deputados contrários ao projeto (voltaremos a discutir esse aspecto quando tratarmos do debate na Câmara). O presidenciável defendeu que, se fosse eleito, iria alterar a Constituição para dar respaldo jurídico a uma legislação trabalhista. Vejamos pelas palavras do próprio:

> Por que o ilustre paladino da intangibilidade constitucional, ora me brada ser "um erro supor-se que a nossa constituição seja incompatível com as medidas reclamadas pela questão social no Brasil", ora, logo esfuziada, no período subsequente, atira à minha ignorância alvar com a novidade sapientíssima de que "os contratos entre patrões e operários, sendo instrumentos **bilaterais**, não exigem legislação especial, para serem cumpridos".
>
> Isto dito, bate, seguidamente, com essas duas proposições uma contra a outra, acabando por dizer que "o Estado, por suas leis, não poderá intervir nesta questão, senão como garantir a ordem"
>
> De sorte que, no fim de contas, ninguém será capaz de saber se esta palmatoria dos meus erros se agasta de que **eu pretendo alterar a constituição, para anular instrumentos de contratos bilaterais, ou de que esteja querendo meter o Estado em seara alheia, quando o levo a intervir por meio de leis na questão social** (Barbosa, 1956, p. 108-109, grifos nossos).

Quais as razões que fazem Rui Barbosa, o homem de convicções liberais, tanto do ponto de vista econômico como também da política, que até tempos atrás era ardente do modelo descentralizado da Constituição

Brasileira e que foi inspirado em um dos modelos no qual ele se fazia caudatário: Estados Unidos. Como, na campanha eleitoral, ele defende uma reforma constitucional para que o poder executivo da Nação tivesse maior poder para ter respaldo constitucional para uma intervenção do Estado, por meio de uma legislação trabalhista para os subalternos? E por que o senador baiano passou a defender a classe operária e uma legislação para a mesma?

Podemos dizer que há pelo menos duas repostas para essa mudança de paradigma no pensamento político de Rui Barbosa. A primeira é que, como um intelectual orgânico das elites, ele era influenciado pela geopolítica internacional dos países imperialistas, que naquela conjuntura apontavam para uma legislação trabalhista, visando deter o avanço do comunismo no mundo. Ou seja, o senador baiano argumentou em favor de leis para a classe trabalhadora brasileira para deter um possível avanço das ideias hereges ao capitalismo, a ponto de "ameaçar" a sociedade brasileira.

O outro motivo é de cunho oportunista, pois ele estava disputando a presidência da República e, como demonstramos, o debate sobre a legislação social estava na ordem do dia. Assim, ele rapidamente se posicionou como um defensor do operariado brasileiro, com o objetivo, claro, de ganhar a simpatia tanto dos trabalhadores[61] quanto de uma parte significativa das elites que, por meio dos jornais, defendiam a aprovação de uma legislação trabalhista.

O oportunismo do senador não passou impune, e o jornal anarquista *A Plebe* lançou vários textos e artigos, entre março e junho de 1919, criticando as conferências e defesas de Rui Barbosa sobre a questão operária no Brasil. Um desses textos, intitulado *O Sr. Rui Barbosa e a questão social: alerta, proletariado!* adverte o operariado sobre as verdadeiras intenções do candidato à presidência:

---

[61] Rui Barbosa teve como assessor da sua campanha presidencial, especialmente na questão social, o advogado trabalhista e criminalista, Evaristo de Moraes, tinha uma inserção no movimento "trabalhista" do Distrito Federal na época. Defendeu muitos militantes anarquistas que estavam sendo perseguidos pelas autoridades policiais, mas não tinha nenhuma simpatia com esta tendência do movimento operário. Nesse sentido, Rui Barbosa escolheu Evaristo de Moraes para ser seu assessor para a questão operária, pois de certa maneira, surtiu um efeito a campanha do senador baiano para a presidência, pois ele, apesar de não ser o candidato das oligarquias regionais, foi derrotado na corrida presidencial, mas obteve dois terços do eleitorado do Rio de Janeiro, ou seja, teve o quase o dobro dos votos do eleitorado deste Estado que tinha um peso enorme das classes urbanas: classe média e operária. Assim, no berço do movimento "trabalhista" a plataforma trabalhista de candidato Rui Barbosa teve sucesso. Para melhor consultar essa questão, ver: "A crise dos anos e a revolução de 1930", em FAUSTO, Boris. *O Brasil republicano*: Sociedade e instituições (1889-1930). São Paulo: Difel, 1977a.

> Alerta, proletariado! não vos deixe iludir pelos longos, intermináveis discursos crônico à presidência da República. Não vote em Epitácio Pessoa, candidato dos satrapas estaduais, mas não vote tão pouco em Rui Barbosa.
>
> Rui não é, nunca foi amigo dos humildes, dos trabalhadores que lutam e sofrem em troca de um miserável pedaço de pão. Rui Barbosa nunca teve uma palavra de condenação para os Trepoffs que, neste últimos 22 anos, desde que as classe trabalhadoras despertaram e começaram a reivindicar os seus direitos, entraram a esmaga-la nas suas organizações, prendendo, torturando, processando e expulsando do país os seus melhores e enérgicos defensores.
>
> O senador da república desde a constituinte, há quase trinta anos, nunca, no senado levantou a sua voz protestando contra as infâmias práticas pelos governantes contra os trabalhadores [...].
>
> E Rui Barbosa, Senador da República, com a tribuna do senado à sua disposição para estigmatizar as infâmias da polícia e as misérias dos governantes, não ouviu os nossos gemidos; não sentiu o eixo das vossas dores e dos vossos protestos. Deixou se ficar mudo e quieto no seu palácio da rua de S. Clemente; para não desagradar os governantes, por que se estava na véspera da presidencial, e ele aspirava - candidato crônico da presidência da República para satisfação da sua vaidade, para saciar sua ambição. E agora, tartufo, (SIC) procura ilaquear a boa fé dos trabalhadores!
>
> Não! Rui Barbosa não é amigos dos trabalhadores; Rui Barbosa não é, e nunca foi defensor dos direto do proletariado. O senador desde a constituinte nunca apresentou no senado um projeto em favor das classes trabalhadoras [...]
>
> pois só agora, que é candidato pretende obter voto dos operários, foi que ele notou que a infância é miseravelmente exploda pelos seus clientes milionários (A Plebe, 29 de março de 1919).

Dissemos acima que a classe trabalhadora entra no cenário político brasileiro de duas formas: por sua força organizativa e pelo medo que ela (classe trabalhadora) internacionalmente impõe aos governos, a ponto de a burguesia conceder uma legislação social para amparar o proletariado.

No Brasil, a burguesia, por meio dos seus aparelhos privados de hegemonia (a grande imprensa), começou a acompanhar mais detidamente as greves que ocorriam no país durante esse período, com o objetivo de mapear os possíveis perigos que cada greve poderia representar à sociedade, mas também como forma de pressionar o legislativo adotar a uma política social para a classe trabalhadora.

Para elucidarmos dentre tantas notícias sobre greves e a cobertura da imprensa, pegamos o exemplo de uma grande greve que aconteceu em 1919, no estado de São Paulo:

> Diante da reação geral, os grevistas perderam a confiança no êxito do ataque, com o que havia contado em subverter a vida econômica do Estado e criar uma situação anárquica, que pudessem ditar leis ao governo e aos patrões. Em pouco tempo, o movimento grevista estava franco declínio, e os operários estão voltando ao trabalho, desiludidos e envergonhados, não tanto pela derrota, como pelo papel triste e apático, que os agitadores os induziram o representar.
>
> É conveniente que a lição de São Paulo seja aproveitada, tanto pelo proletariado, como pelas classes conservadoras. Os devem compreender, agora, que as condições de atuais de organização das industrias, embora tenham tornado, sob muitos pontos de vista, extremamente, favorável a situação do trabalhador, reduzam, entretanto, a capacidade maléfica das greves, como instrumento para o exercício da ditadura do proletariado.

E propõe que a solução perante as ameaças de greve sediciosa[62]:

> **Em relação aos problemas trabalhistas, _O PAÍS_, sistematicamente, uma política de reformas inteligentes e consentâneas com as condições peculiares do meio brasileiro. Mas essas reformas, que devem visar todas a um entendimento cordial entre capital e o trabalho, só se tornarão viável depois de clareada atmosfera pela supressão completa da praga anarquista. Seria pueril procurar legislar sobre a questão do trabalho, enquanto**

---

[62] Parte deste longo editorial reproduzido acima, mostra quanto sediciosa foi essa greve. Trata-se de um movimento de Greve Geral ocorrido em São Paulo, onde elementos anarquistas queriam, a partir dessa grande mobilização grevista, empreender uma revolta ao ponto de derrubar o governo de São Paulo e expandir o movimento para o resto do Brasil. Porém, o plano tinha ainda menor força do que o ocorrido um ano antes, no Rio de Janeiro. Para melhor entender esse processo, consultar Jonh W. F. Dulles, _Anarquistas e comunistas no Brasil_, p. 95-103.

> muitos operários brasileiros tem a lamentável fraqueza de se deixarem guiar por agitadores profissionais, que vêm espalhar no nosso país o ódio de classes e as ideias subversivas que não podemos tolerar.
>
> A remodelação do nosso regime industrial e as nossas leis de trabalho tem que ser formuladas sobre bases, nitidamente, conservadoras, e de acordos com os princípios de respeito à propriedade, liberdade do trabalho e dos contratos, e sem perder de vistas as noções da organização hierárquica da sociedade, que é inspirada no senso comum e que subsiste, apesar de todas utopias igualitária.
>
> Para que, sobre esses fundamentos sólidos, façamos uma obra satisfatória de legislação trabalhista, é preliminar e indispensável o encerramento das agitações e dos movimentos subversivos (O País, 29 de outubro de 1919, grifo nosso).

Esse ataque violento que o jornal faz a essa greve foi devido a tentativa do movimento anarquista de São Paulo de impulsionar um levante a partir do desdobramento de várias de greves, que se iniciaram a partir de 19 de outubro de 1919, porém as greves não atenderam às expectativas dos anarquistas, e por isso foi um fracasso total (Dulles, 1973).

Naquela conjuntura, muitos jornais abriram colunas em seus periódicos para falarem das greves que ocorriam no país, utilizando como estratégia, para defender a aprovação de uma legislação trabalhista, dar voz às entidades de classe (sindicatos, associações e clubes de operários). Nessas colunas, essas entidades, por meio de moções, cartas ou resoluções de suas respectivas reuniões ou assembleias, demandavam a intervenção por parte do poder público para que atender à situação da classe trabalhadora. Ou seja, uma legislação trabalhista. Todavia, é bom deixar claro que as entidades de classe que expressavam seus apelos nesses grandes jornais eram, quase todas reformistas, e não tinham no horizonte a derrubada do Estado e a implantação de uma nova sociedade.

O jornal *O País* publica nas suas folhas, uma nota da *Federação das Classes Trabalhadoras de Pernambuco,* na qual protesta contra a situação dos trabalhadores em Pernambuco e, com isso, clamou para que o poder público atendesse as reivindicações da classe com medidas efetivas, ou seja, com legislação protetiva. Na nota, foi destacada a criminalização que a polícia faz aos trabalhadores grevistas, enquadrando os como agentes *maximalistas*[63]. Porém a Federação rechaçou totalmente a acusação das autoridades policiais, afirmando que "maximalismo - não é conosco ou antes os donos de usinas e senhores não quiserem se referir a nós trabalhadores da F.C.T. Somos sindicalistas, mas frases ou modalidades de revolução social não são objetivo nosso" (Federação das Classes Trabalhadoras de Pernambuco, 1919 *apud* O País, 7 de setembro de 1919).

Não obstante, o periódico que mais enfatizou a voz das entidades da classe trabalhadora foi o jornal *A Razão*. Devido à sua natureza, e à sua ligação orgânica com o movimento operário reformista e "trabalhista", ele foi o que mais reproduziu[64] notas, moções e representações das entidades enviadas ao Congresso Nacional pelas entidades, na tentativa de pressionar os deputados para que votassem a favor dos projetos que atendessem à classe trabalhadora.

Em meados de 1918, o Código do Trabalho foi recolocado em discussão no Congresso, e a União Geral dos Trabalhadores (UGT), entidade situada no Rio de Janeiro, enviou uma representação ao Congresso Nacional, dizendo que,

> Sr. Membros do congresso nacional: "União Geral dos trabalhadores": com sede nesta capital, tendo ciência da boa vontade de alguns membros do poder legislativo tratam presentemente da situação operaria no Brasil, acha seu dever de seu manifestar ao parlamento brasileiro o modo de sentir das classes trabalhadoras nesse assunto[...]
>
> É impossível progredir sem o trabalho organizado, e trabalho organizado quer dizer facilidade e disposição do operariado para trabalhar. Isto não é possível com ridículos salários dos lavradores de terras brasileiras, com as péssimas condições higiênicas do solo brasileiro, e das fábricas nacionais, com a ausência completa de uma legislação que imponha deveres aos patrões.

---

[63] Em Pernambuco, como em outras partes do país, era muito comum que, em greves mais acirradas, as autoridades policiais enquadrassem os grevistas ou as lideranças como agentes anarquistas ou maximalistas. Em Pernambuco em 1919, ano de grandes agitações operárias, o discurso oficial foi elevada à máxima potência, e os jornais da capital pernambucana reproduziram esse discurso. Dentre várias manchetes, destaco algumas: "Sindicatos contaminado pelo bolchevismo" (Diário de Pernambuco, 17 de agosto de 1919); "Juiz absolveu um maximalista" (Diário de Pernambuco, 25 de abril de 1919).

[64] Na pesquisa, conseguimos mapear dezenas destas representações ou notas em que as entidades enviaram para o Congresso Nacional e o jornal *A Razão* reproduziu nas suas páginas, porém escolhemos algumas para evidenciar e ilustrar esse aspecto do texto.

> Se o governo brasileiro quiser empreender a obra delineada pela "Federação operária", pode contar com o apoio unanime da União geral dos trabalhadores", - respeitadas as mesmas condições supra-mencionadas.

E a representação continua dizendo que na ausência da aprovação de uma legislação definitiva, o congresso deve aprovar leis mais urgentes:

> Como, porém, a "União Geral" não crê possível obra de tamanho vulto, - pois tememos as grandes obras- e como não acredita na possibilidade de uma legislação definitiva, e como julga indispensável. Paliativos imediatos para minorar os sofrimentos dos proletários decorrentes da alta dos gêneros, lembra ao congresso nacional, como de toda a urgência, as seguintes medidas:
>
> -1°-fixação do trabalho em 8 horas diárias, para todos trabalhadores homens e mulheres, e 6 horas para crianças de 14 a 16 anos, com um dia de descanso, e semana inglesa para mulheres e crianças de 14 a 16 anos.
>
> -2°-exclusão absoluta de qualquer criança de menores de 14 anos de qualquer trabalho.
>
> -3°-fixação do mínimo de salários em todos os departamentos de indústria, viação e comércio.
>
> - 4°-equiparação dos salários das mulheres aos dos homens.
>
> -5°-garantias eficazes do governo para o cumprimento dessas medidas (A Razão, 13 de julho de 1918).

Outra entidade de classe que também enviou uma nota, debatida em assembleia da categoria e enviada para a redação do jornal, foi a União dos Trabalhadores da Construção Civil, cujo teor denunciava as manobras do Legislativo e de parte da imprensa burguesa contra a aprovação do *Código* do Trabalho. A nota também conclamava todas as entidades de classe a enviarem representações ao Congresso Nacional para pressionar os deputados a votarem a favor dessa legislação, pois,

> A união geral da construção civil, não poderia neste momento silenciar sem publicação deste manifestos as classes trabalhadoras sobre a já muitíssima conhecida legislação operária ou código do trabalho para demonstrar ao operariado a inutilidade do palanfrorio(SIC) que sobre

> esse assunto vem fazendo os interessados na sua inutilidade, como os capitalistas, parte do próprio congresso e a imprensa.
>
> É necessário esclarecer ao trabalhador a péssima situação a que está sendo arrastado essa legislação. É para fazer necessário se tornar uma recapitulação das peripécias em torno da discussão do código do trabalho[...].
>
> **Terminando, a união da construção civil, apela para todas as associações operárias para que façam sentir aos trabalhadores a necessidade de uma reação eficaz ao código do trabalho, como está sendo elaborado** (União dos Trabalhadores da Construção Civil, 1918 *apud* A Razão, 16 de setembro de 1918, grifo nosso).

A intervenção da grande imprensa em favor de uma legislação social dinamizou um debate que já estava em curso, especialmente após as grandes greves de 1917 e a agitação operária que se seguiu em 1918, 1919 e 1920, somadas ao advento da revolução social ocorrida na Rússia e os levantes que estavam ocorrendo no mundo. O Brasil não estava imune ao impacto que o levante dos *sovietes* exerceu internacionalmente. Assim, uma das estratégias da grande imprensa para tentar influenciar a opinião das elites resistentes à adoção de leis trabalhistas no Brasil era demonstrar que a classe trabalhadora desprotegida constituía uma ameaça eminente de ruptura do regime capitalista, receio este compartilhado pela própria grande imprensa.

Já o periódico ligado ao movimento operário (não revolucionário) que analisamos aqui neste texto, foi o jornal *A Razão*, que, assim como os jornais ligados aos setores das elites, também defendeu a legislação social e usou a retórica do perigo revolucionário, que teve origens na Rússia. No entanto, embora utilizasse a mesma estratégia da imprensa burguesa, havia uma diferença significativa na defesa da legislação trabalhista entre a grande imprensa burguesa e esse periódico, que falava em nome dos trabalhadores nacionais.

A diferença era que a imprensa burguesa falava na defesa de uma legislação trabalhista que atendesse ao mínimo para afugentar qualquer perigo revolucionário – isto é, o medo que essa revolução ocasionou às

O IMPACTO DA REVOLUÇÃO RUSSA NO BRASIL: (1917-1920)

elites brasileiras. Já o periódico "socialista[65]" usou também a estratégia do medo do bolchevismo interno. Sua finalidade, porém, era arrancar uma legislação que fosse a mais profunda possível para a época, devido ao caráter reformista do periódico, sobretudo por estar organicamente inserido no movimento operário não revolucionário, mas sim colaboracionista.

3.4 Deputados pelas reformas, mas contra a revolução: Maurício de Lacerda, Nicanor Nascimento e Andrade de Bezerra

Antes de chegarmos ao ponto do debate no Congresso Nacional, em uma conjuntura de efervescência sociopolítica, destacaremos, a seguir, a intervenção política de três deputados federais a favor da legislação que era a principal pauta de debate na política brasileira. São eles: Maurício de Lacerda, Nicanor Nascimento e Andrade de Bezerra.

Esses parlamentares foram os que mais ganharam destaque na imprensa da época no que se refere à defesa de leis operárias da ordem liberal-burguesa. Sendo assim, tiveram espaço na imprensa para intervir a favor da legislação trabalhista, haja vista que esta defendia essa pauta e, por isso, fez as vozes desses deputados ecoarem nas páginas dos respectivos jornais.

Portanto, foram esses três deputados que compuseram a Comissão de Legislação Social na Câmara dos Deputados, por iniciativa de Nicanor Nascimento em dezembro de 1918. Sob pressão das agitações do movimento operário, criou-se, pela primeira vez, essa comissão com tal pauta, da qual esses deputados faziam parte.

O primeiro deputado que analisaremos foi o parlamentar que mais expressou interesse nas questões que envolvem a classe trabalhadora e sua situação de miséria. Filho de Sebastião Lacerda, um tradicional político que fora deputado constituinte de 1891, várias vezes ministro de Estado e, posteriormente, ministro do supremo tribunal Federal, Maurício de Lacerda se graduou em Direito e, ainda muito jovem, ingressou

---

[65] Nunca é demais esclarecer que esse jornal não tinha um horizonte da revolução social liderado pelos trabalhadores, e sim de cooperação deles com o Estado capitalista, pois a imagem da Revolução Russa deixa isso muito claro. Para se ter uma ideia do que essa imprensa de esquerda anticomunista defendia, ela publicou um editorial com o seguinte título: *O Brasil na Rússia*, em que pede que o governo brasileiro se aliasse aos Estados Unidos para sufocar o governo soviético, pois, assim, "cortaria o mal pela raiz que aflige o mundo civilizado"; ou seja, a linha editorial pedia que o governo do Brasil reforçasse o que já estava ocorrendo naquele momento: a agressão do Ocidente. Para consultar a matéria completa ver em: *A Razão*, 23 de setembro de 1918.

na política, sendo aleito para o cumprimento do mandato de deputado na Assembleia Legislativa do Rio de Janeiro, em 1912.

A partir dessa época, acompanhou os movimentos reivindicatórios do proletariado no Distrito Federal, iniciando-se no estudo da doutrina socialista. Já em 1915, foi eleito deputado federal pelo Partido Republicano Fluminense (PRF), com uma plataforma em defesa da classe trabalhadora. Eleito, tentou legislar para a classe trabalhadora e as camadas médias urbanas, uma vez que a base eleitoral de Maurício de Lacerda e Nicanor Nascimento advinha dessas camadas urbanas do Rio de Janeiro.[66]

Durante todo o seu mandato como deputado federal, Lacerda se destacou na defesa da classe trabalhadora, sempre propondo medidas que protegessem o trabalho em relação ao capital. A inserção de Lacerda no movimento operário não revolucionário da capital da República fez com que ele tentasse legislar para esses subalternos. Vários desses projetos foram protocolados na Câmara ainda em 1912, como a lei que regulava o trabalho noturno de mulheres e crianças, a criação de creches junto às fábricas, entre outros projetos que o deputado fluminense perpetrou no parlamento.

Junto com essas leis, anos mais tarde, em 1917, Lacerda apresentou o projeto de criação do Departamento Nacional do Trabalho, que tinha duas funções básicas: fiscalizador as possíveis leis trabalhistas que atendessem aos trabalhadores, ou seja, um órgão do Estado que fiscalizasse a relação entre o trabalho e o capital, e atuar como um um conselho arbitral nos conflitos entre patrões e trabalhadores. Contudo, essa lei da criação do Departamento Nacional do Trabalho foi aprovada, mas só ficou no papel.

Lacerda também tentou legislar sobre a lei de greve, que era extremamente draconiana para os trabalhadores grevistas, sobretudo no período de grande agitação social iniciada em 1917. Essa defesa da classe operária lhe custou a expulsão do partido e, consequentemente da Câmara Federal.

O compromisso de Lacerda com movimento operário do Rio de Janeiro fez com que tentasse legislar para os operários desde o seu primeiro mandato. Porém, sob a égide do liberalismo ortodoxo e oligárquico, sua

---

[66] Segundo Edgard Carone (1972), o único estado da federação brasileira que escapou um pouco da política coronelística da Primeira República, dando a possibilidade de candidatos que tinham uma inserção na classe operária e nas camadas médias da sociedade, foi o Rio de Janeiro, pois "onde a condição urbana permite liberdade aos pequenos agrupamentos políticos e às classes média e operária. Por sua vez, crescimento e insatisfação das classes urbanas levam-nas a manifestações extra-constitucionais, como as exaltações cívicas de 1910 e 1919" (p. 312).

voz e seus projetos sempre foram derrotados na Câmara. A partir de 1917, com as grandes mobilizações operárias e os acontecimentos internacionais como a Revolução Russa, e o Tratado de Versalhes e a Conferência Internacional do Trabalho, Lacerda passou atuar mais enfaticamente e começou a ganhar voz na imprensa burguesa, justamente porque esta defendia que o governo adotasse medidas protetivas para a classe trabalhadora.

Assim como Lacerda, outros parlamentares mencionados neste texto ganharam uma cobertura relativamente importante na grande imprensa no que concerne à questão da legislação trabalhista e também escreveram para esses jornais defendendo seus posicionamentos sobre as leis trabalhistas. Vejamos uma matéria escrita pelo deputado Lacerda sobre os motivos pelos quais a Câmara aprovou a Lei de Acidentes de Trabalho:

> Refere-se as conclusões da conferencia da paz e assinala que a câmara capitulou, no ano passado, votando, às pressas, a lei de acidentes, esgarçada do código do trabalho. **O problema permaneceu. Quando a bastilha Burguesa está pelo grito que por toda se levanta, a conferência de paz lança bases improfícuas para salvar a ordem jurídica ameaçada. A minoria socialista antes do armistício, lançou um manifesto anunciando a nova ordem. A França vitoriosa. O socialismo radical, entretanto, assegurava as conquistas. Depois de combater os impulsos do socialismo entra a descrever o problema das subsistências, levantado pelos podus (SIC), que não satisfizeram com os entusiasmos patrióticos.**
>
> Achas ridículas as bases das conferências diante desses movimentos. Elas sofrem do mesmo pecado original da capitulação parcial em face da ameaça operária. Em 1914, 15, 16 reclamam, com projetos, as oito horas, o regulamento do trabalho das crianças e das mulheres. A câmara não compreendeu a urgência do problema. Cita a evolução do direito comercial pela marcha espantosa da troca, para mostrar que aí está nascendo o direito operário pelo desenvolvimento espantoso do esforço elaborando capitais. **Do que se precisa é de uma legislação especifica, legitima e clara. Só tarde vamos reconhece-o. na nossa terra, como por toda a parte, a atividade operária toou vulto que não permite adiamentos.**
>
> A mensagem demostra que vamos de capitulação em capitulação. Ela quer o reconhecimento das bases da conferência,

> ou apenas de direitos que nascem das próprias condições humanas. Por que se esperas a conferencia? Não víamos antes o problema? Mas a conferencia colocou-se ao lado do capital. **Passa a estudar a nossa situação, para dividir os propagandistas patrícios em maximalistas, maximalandros e maximalucos.** Estuda as transformações sociais do capital, defende o divórcio, a igualdade da mulher, seus direitos políticos e mostra que caminhamos para uma nova organização familiar. A mensagem aconselha ao congresso que se detenha diante dos privilégios do capital. Na Inglaterra, à vista de capitais ingleses e não imigrantes, como aqui, já foi a reconhecida a participação dos operários nos lucros do capital. Quem enfreirar a ideias novas (O País, 20 de maio de 1919, grifo nosso).

Esse texto citado acima demostra como as discussões sobre a legislação foram adiantadas às pressas pelo parlamento brasileiro, devido às determinações internacionais, nas quais o perigo da Revolução Russa se fazia presente, tanto para a elite brasileira quanto para burguesia mundial, uma vez que a conferência visava salvar a ordem burguesa em nível mundial.

No ano de 1918, a Câmara dos Deputados foi palco dos mais calorosos debates sobre a legislação trabalhista (iremos analisar essa questão no próximo tópico do texto), nos quais Lacerda foi um dos principais arguidores em defesa dos trabalhadores, e das leis que os protegessem. No entanto, sua fala na tribuna da Câmara, justamente no Dia Internacional do Trabalhador (primeiro de maio), foi comentada pelo o jornal *A Razão* (infelizmente não conseguimos localizar o discurso direto nos documentos da Câmara), que alertava sobre a situação dos operários brasileiros e sua força revolucionária, assim como ocorreu na Rússia. Vejamos como o jornal comentou a fala de Lacerda:

> [...] falou ontem o Dr. Maurício de lacerda. começou dizendo que não falara durante a sessão por que franco como costuma sempre ser, não queria melindrar o dr. chefe de polícia que a presidiu.

> entretanto, naquele momento achava-se a vontade para dizer que sentia. **trata então da situação atual do operariado brasileiro, dizendo que não será alto o que há de vir a redemoção do operário, mas de baixo para cima, pois o governo que é uma minoria, não quer a liberdade ds operários que estão com a maioria.**

> refere-se a revolução russa, revolução que elevou os pequenos e que deu a maioria operária o seu verdadeiro lugar na organização social das nações livres (2 de maio de 1918, grifo nosso).

De todos os deputados que defendiam reformas mínimas, para a classe trabalhadora, o mais destacado, sem sombra de dúvidas, foi Maurício de Lacerda, visto que, além de sua inserção no movimento operário "trabalhista" do Rio de Janeiro, preocupou-se em acompanhar o movimento operário socialista e suas matrizes ideológicas. Além disso, era um dos poucos (para não dizer o único, de fato) deputados que defendiam, na tribuna da Câmara, os trabalhadores grevistas e, por sua vez, denunciava a violência exercida pelo o Estado brasileiro. Em um debate sobre o Código do Trabalho, ele tentou persuadir os colegas fazendo um apelo contra a violência contra os trabalhadores, pois eles não eram *maximalistas*, como as autoridades policiais os enquadravam. Vejamos como Maurício de Lacerda se pronunciou na tribuna da Câmara:

> Essas duas diretrizes que o nobre deputado definiu muito bem- minimalistas e maximalistas, como se encontram atualmente articuladas diante dos recursos que o governo tem lançado mão.
>
> A corrente, chamemos minimalista, como a denominou o nobre deputado pelo Pará, a que entendia que os programas deviam ser assentados sob a força coletiva do operariado e progressivamente efetuados, de acordo com as concessões que se fossem obtendo pelas conquistas que se arrancaram ao partido contrário, está desmoralizada, sem prestigio, porque não por si, mas, porque as tentativas de um **código de trabalho, de apelo ao poder legislativo de representações aos poderes constituídos, de direito de greve, de reunião, de associação, pleiteados e defendidos por esta corrente, tudo isto foi negado e sofreu o camartelo policial, de tal sorte, que o operariado não tem mais confiança nos representativos dessa corrente, visto como eles não forem suficiente aos destinos que se proclamavam capazes de realizar para a classe operária.**

Prosseguindo a sua denúncia contra a repressão excessiva pelo Estado defende que o problema operário se resolve pelas concessões, e lembra aos deputados o exemplo russo:

> Não nos esqueçamos que a Rússia foi por ali que enveredou, **e tanto a polícia ensinou e provocou a pratica dos motins, que, no dia em que o regime dos Romanov** se quis sustentar contra os dos clubes das 13 associações em que se dividiram as correntes liberais e daquelas pátria, aprendizagem introduzida por vários missionários de desordem que eram provocadas pela polícia, deu em resultado a explosão revolucionária [...] (Anais da Câmara dos Deputados, sessão de 16 de Agosto de 1918, grifo nosso).

Como já dissemos acima, essa defesa da causa operária pelo nobre deputado lhe custou a expulsão do partido. Antes de sua expulsão, porém, suas constantes defesas dos operários grevistas e das lideranças operárias revolucionárias, como a defesa contra a prisão de José Oiticica, renderam-lhe acusações de alguns jornais, de ser um deputado *maximalista* (A Provincia, 21 de maio de 1919). Já o jornal *A Razão* o caracterizou como um misto de trabalhismo e maximalismo, por ele não recriminar o movimento operário revolucionário (20 de setembro de 1919).

A não aclamação contra aquelas entidades ou lideranças operárias que enxergavam na revolução um ponto de referência, não fazia o deputado ser um adepto da aplicação das teses bolcheviques no Brasil, mas como estratégia retórica para poder aprovar os projetos que atendessem a classe trabalhadora brasileira. Assim, ele enfatizava como a influência dos bolcheviques estava se espalhando pelo mundo como um antídoto, os governos da Europa estavam reagindo com intervenção do Estado em prol dos trabalhadores, ou seja, com concessões do capital em relação ao trabalho.

Outro parlamentar que vai sair em defesa de uma legislação trabalhista no Congresso, chegando a recolocar o projeto do Código do Trabalho em tramitação no começo de 1918, foi o deputado trabalhista Nicanor Nascimento. Formado em direito, Nascimento foi eleito pela primeira vez em 1911, pelo Distrito Federal, tendo sua base eleitoral composta por partes das classes médias urbanas (não conformistas) e operários esclarecidos. Aliado a isto, destacou-se, junto com Lacerda, na defesa do operariado contra a violência policial cometida, sobretudo, durante as greves em São Paulo e no Rio de Janeiro percorrendo fábricas, delegacias e hospitais, e relatando, posteriormente, na Câmara, as arbitrariedades que presenciou.

Contudo, no curso do ano de 1918, Nicanor Nascimento se tornou um dos principais defensores de leis trabalhistas, usando a sua retórica poderosa, pois estavam em evidencia no cenário político os possíveis perigos da classe operária desprotegida no Brasil. Vejamos qual foi a tônica de seu discurso:

> Acresce que, com o desenvolvimento das industrias novas, um grande número de homens da Europa, artesões, artífices e artistas tem imigrado para o Brasil, de modo que trazem as ideias novas, os livros novos, os folhetos novos e a propaganda nova, hoje, a série de greves que se desenvolve nas cidades importantes do Brasil, todas vitoriosas, por que todas tem em fundo econômico, qual o da desigualdade de relações entre patrões e operários, desigualdade que se torna cada vez maior, essas greves revelam uma certa organização sindicalista, socialista, que está mostrando como os operários já entram impávidos e conscientes na luta social. **E si nós, que dirigimos a nação, não dermos remédios a essas necessidades novas, não resolvemos esses problemas pela processualística da lei, teremos amanhã de vê-lo resolvidos pela processualística das revoluções.** Não se suponha que o exército, polícia, organizações políticas, possam impedir esse surto de uma massa enorme. Hoje, os exércitos não são como antigamente corpos aristocráticos, separados da nação: **O soldado de agora é o irmão do operário, senti-lhe a necessidade, pertence a mesma classe, os sofre os mesmos dissabores, e si amanhã quisermos empregar esse organismo militar contra a resistência operária, estaremos, si não tivemos tomado medidas legislativas que atendam ao fenômeno, na situação do maximalismo Russo, em que os operários encontraram como irmãos os soldados e não possibilidade de repressão** (Anais da Câmara dos Deputados, sessão de 15 de maio de 1918, p. 571, grifos nossos).

Este parlamentar usaria o mesmo argumento nos debates posteriores a este de maio de 1918, aqui citado, isto é, em outras sessões da Câmera que debateram o projeto do Código do Trabalho (mostraremos, a seguir, os embates em torno da aprovação dessa legislação). Porém, este deputado que falava em nome dos trabalhadores "honestos e nacionais", era implacável com aquelas entidades de classe ou lideranças que pretendiam transcender a sociedade burguesa: *anarquistas e maximalistas.*

> Contra essa perspectiva revolucionária do movimento operário, Nascimento tinha ojeriza, chegando a assinar uma moção da Câmara Federal aonde aplaude a repres-

são à insurreição, anarquista de novembro de 1918. Além disso, Nicanor vai defender a tese de que os trabalhadores "nacionais" são aqueles que merecem a proteção do Estado e os estrangeiros é são os verdadeiros arruaceiros da ordem (Nascimento, 1918 *apud* Addor, 1986).

Mesmo com o seu discurso reformador e antagonista do movimento operário revolucionário, em 1921, foi novamente eleito deputado federal, mas foi degolado, isto é, não foi reconhecido nem empossado, pelos mesmos motivos que impediram Lacerda de assumir o cargo, ou seja, pela sua inserção no movimento operário. Voltou à Câmara na legislatura de 1924-1926, porém, sua perspectiva sociopolítica havia mudado bastante, visto que abandonou as pautas trabalhistas no Congresso.

Em suma, apesar de esses parlamentares terem uma inserção no movimento operário trabalhista no Rio de Janeiro antes mesmo da temporalidade estudada neste texto (1917-1920), foi com a Revolução Russa e com a toda agitação social interna que intensificaram a intervenção desses dois deputados em favor de uma legislação trabalhista na Câmara. Com o advento desse evento e, consequentemente, com a adoção de leis trabalhistas na maioria dos países ocidentais, os deputados fizeram dos eventos internacionais um trunfo para tentar convencer os deputados a aprovarem leis trabalhistas.

Ambos ajudaram na fundação do Grupo *Clarté*, o qual era parte de um empreendimento internacional iniciado na França por intelectuais de esquerda, críticos da Primeira Guerra. Posteriormente, com a Revolução de Outubro, o grupo passou a estudar e difundir o ideário revolucionário pelo mundo. Em 1921, foi fundado no Brasil, com várias vertentes do pensamento de esquerda: desde anarquistas e bolcheviques recém convertidos até trabalhistas, como foi o caso de Nicanor Nascimento e Maurício de Lacerda. No entanto, a inserção desses dois deputados no Grupo Clarté no Brasil tinha como objetivo estudar o fenômeno bolchevique, mas não adotar sua solução para o Brasil, ou seja, uma revolução comunista, diferentemente de muitos militantes que faziam parte desse agrupamento.

Outro deputado que interveio sua legislatura na aprovação de leis trabalhistas foi o líder da bancada pernambucana no Congresso Nacional, Andrade de Bezerra. Nascido em Timbaúba, na Zona da Mata Norte do estado de Pernambuco, formou-se na Faculdade de Direito do Recife em 1911, onde anos depois tornou-se professor. Em 1918, foi eleito deputado federal.

O perfil político ideológico de Bezerra difere dos outros deputados citados, visto que ele era um conservador e um religioso convicto, ligado ao catolicismo e sem inserção no movimento operário de Pernambucano, ao contrário de Lacerda e Nascimento, no Rio de Janeiro. Entretanto, Bezerra tornou-se um dos defensores de leis trabalhistas no Brasil, sobretudo porque foi impactado pelas transformações ocorridas no mundo, principalmente com os levantes revolucionários que estavam ocorrendo na Europa na conjuntura de 1917 a 1920.

Andrade de Bezerra foi quem retirou o projeto de lei sobre acidentes de trabalho do arquivo Esse projeto, já apresentado anteriormente, havia sido arquivado, mas Bezerra o resgatou do ostracismo e o defendeu até que fosse aprovado como lei.

A principal trincheira utilizada pelo deputado foi a imprensa. Ele passou a escrever para o jornal carioca *Correio da Manhã* sobre a questão social no Brasil e o direito operário. Dentre os muitos textos que escreveu sobre a temática, escolhemos alguns para ilustrar a nossa análise. Em um artigo de sua autoria, chamado *Direito Operário Internacional*, ele explica ao leitor que as leis trabalhistas estavam sendo adotadas no mundo devido à falência do liberalismo econômico e, por outro lado, ao crescimeto do radicalismo revolucionário:

> Este tipo ideal movia-se por causas sempre faceis de deterimar, impulsionado, como devera ser, pela ideia utilitária de conseguir com o mínimo de esforço o maximo de vantagem material. Era um comodo processo de simplificação, que, trazido para a vida pratica, deu em consequencia as falencia do chamado liberalismo economico e, através dela, os exageros do radicalismo comunista e anarquista dos tempos atuais. [...]

> Fundamento dessa tendencia era, sem dúvida, a simpátia crescente que ia merecendo a intervenção, legislativa em quase todos os países na proteção do trabalho. O que parecia justo como medida nacional, de amparo as classes trabalhadoras, deveria afigurar-se também aceitavel como regra de efeitos internacionais, dado que em toda parte o desenvolvimento do mecanismo e outras condições de progresso tecnico da indústria tornaram precaria a situação do operariado (Correio da Manhã, 8 de maio de 1919).

Andrade Bezerra vai intervir na defesa de Leis Trabalhistas moderadamente, em comparação, por exemplo, a Maurício de Lacerda, mas vai defender uma orientação do catolicismo social, pois, para ele, as Leis trabalhistas deveriam vir juntamente com uma educação moral e espiritual, orientada pela encíclica papal, chamada *Rerun Novarun* para combater as ideias hereges da sociedade cristã, que, para ele, era o *anarquismo e maximalismo* advindos da Rússia (Correio da Manhã, 17 de maio de 1919).

Reforçando a encíclica da Igreja Católica de 1891, ele afirma em texto que,

> O caminho seguro a trilhar para o bom desempenho de nossos deveres está para nós, católico, definitivamente traçado nas linhas clarividentes com o Leão XIII e Pio X descreveram a origem desses males contemporâneos e o único remédio capaz de sana-los, a reeducação de nossos sentimentos segundo os imortais princípios do evangelho, que todos se resumem e inspiram na caridade, "sempre pronta ao sacrifício e antidoto mais seguro contra o orgulho e egoísmo do século.

> A melhor justificativa dessa intervenção, temo-a em suas maravilhosas consequências, representadas por valiosas e definitivas conquistas operárias, em todos países de desenvolvida e intensa atividade católica (Correio da Manhã, 17 de abril de 1919).

A intervenção de Andrade Bezerra em favor da legislação trabalhista ganhou mais dimensões que a de Lacerda e Nascimento, por justamente tratar-se de leis mais pontuais ou um artigo do projeto apresentado pelos dois deputados da bancada fluminense: o Código do Trabalho. Além disso, Andrade Bezerra não sentia nenhuma simpatia por qualquer forma de socialismo. Diferente de Lacerda e Nascimento, que não falavam em destruição do capitalismo mas se diziam socialistas democráticos, Bezerra o rechaçava completamente.

No entanto, o parlamentar pernambucano, além de operar a mesma estratégia do perigo revolucionário, como fizeram os outros dois parlamentares já supracitados, acrescenta outro elemento para combater as ideias adversas ao capitalismo (anarquismo e comunismo): a educação dos trabalhadores sobre a orientação da encíclica papal *Rerun Novarum*. Para ele, além de o Estado promover concessões, a sociedade deveria cuidar da educação moral e religiosa dos trabalhadores. Assim, o combate dessas ideias se daria em três frentes: a repressão, as leis concedidas pelo parlamento e a educação do proletariado, sob a égide da Igreja Católica.

O IMPACTO DA REVOLUÇÃO RUSSA NO BRASIL: (1917-1920)

Em suma, tentamos demonstrar que, apesar das diferentes concepções ideológicas dos parlamentares, todos defendiam a emergência de leis trabalhistas para proteger a classe trabalhadora contra a ganância dos capitalistas por meio da regulação do Estado. Ao mesmo tempo, buscavam também blindar a classe trabalhadora das ideologias radicalmente opostas ao capitalismo, ou seja, dos ecos advindos de Moscou.

3.5 O Debate sobre a legislação trabalhista na câmara: pelas reformas e contra a Revolução

As agitações operárias internacionais, que derivaram das consequências da guerra e da Revolução Russa, atingiram a sociedade brasileira agudamente, sobretudo porque o Brasil vivenciou as maiores greves, motins e tentativas de revolução até então vistas no país, reacendendo o debate na sociedade brasileira da questão do Estado como agente regulador da relação entre mercado de trabalho e capital.

Na sessão anterior, debatemos como, nessa conjuntura, houve uma mudança de comportamento de parte da elite brasileira, que, por meio da grande imprensa, trouxe a questão operária para o âmbito da política e da economia, defendendo que o do Estado brasileiro adotasse uma legislação social mínima visando proteger a classe trabalhadora das ideologias adversas ao capitalismo, evitando, assim, uma revolução social. Desse modo, a aclamação da grande imprensa, junto ao movimento operário reformista para aprovar leis trabalhistas, chegou à apreciação do Congresso e foi posta em discussão.

Este código era uma junção de algumas reivindicações do movimento operário, sobretudo do movimento "trabalhista" do Rio de Janeiro[67], que também foram pautas dos deputados "trabalhistas" na Câmara. Embora essas propostas não tenham sido aprovadas inicialmente, foram reunidas neste código durante a conjuntura de 1917 a 1920. O projeto original enviado tinha as seguintes proposituras: jornada de oito horas diárias, podendo se estender por forçar maior; limitação de seis horas para criança menor de 10 anos de idade; e proibição de trabalho noturno para menores de 15 anos de idade.

---

[67] Para ver melhor as reivindicações e suas pautas no início do século XX, no Rio de Janeiro, consultar GOMES, Ângela Maria de Castro. *Invenção do trabalhismo*. Rio de Janeiro: Relume-Dumará, 1994.

No que se refere a acidente do trabalho, o projeto adotava que o patrão era obrigado a reparar os danos causados ao trabalhador se o operário se acidentasse em sua atividade profissional, excetuando acidentes intencionais. Por último, o projeto previa a criação de um órgão de conciliação e a arbitragem que visava intervir nos conflitos entre patrões e trabalhadores.

Portanto, esse projeto continha o que havia de mais de ousado para a época no que tange a uma legislação trabalhista, principalmente na ordem burguesa oligárquica liberal. No entanto, ao ser posto em pauta a legislação foi engessada pela Comissão de Justiça da Câmara, sob a alegação de inconstitucionalidade. Foi o deputado "trabalhista" Nicanor Nascimento que reinseriu o projeto no início de 1918, com a aclamação da grande imprensa brasileira e do movimento operário reformista.

Contudo, o projeto foi seriamente alterado: foi retirado o artigo sobre o órgão estatal de arbitragem e conciliação de conflitos entre trabalhadores e patrões, aumentado o número das horas diárias, antes prevista para oito horas, passou a ser dez horas para ambos sexos e acima de 16 anos e também foi modificada a pauta que refere a acidentes de trabalho, diminuindo a culpabilidade dos patrões nos possíveis casos de acidentes com o trabalhador.

Com essas reformulações, o projeto foi para o plenário da Câmara, onde houve um debate acirrado em torno da aprovação ou não dessa legislação trabalhista. No entanto, o debate foi protagonizado por três bancadas de diferentes estados: Rio de Janeiro, São Paulo e Rio Grande do Sul, além, claro, de outros deputados que intervieram, tanto para defender quanto para recusar a legislação trabalhista.

Ângela Castro Gomes (1979) denota que apenas três bancadas tinham orientações sociopolíticas distintas: as do Rio Grande do Sul e do Rio de Janeiro. A bancada gaúcha, liderada pelo governador Borges de Medeiros[68], tinha como concepção de mundo o positivismo, aliado ao cânone liberal de não intervenção do Estado na esfera social. Os principais parlamentares desta bancado no Congresso foram Carlos Panafiel, Simão Lopes e Joaquim Osório, esta bancada estava fechada em bloco

---

[68] Segundo Edgard Carone (1972), Borges de Medeiros exerceu um poder oligárquico mais forte entre as oligarquias regionais, aliado a uma ideologia positivista. Ficou no poder comandando o Rio Grande do Sul 25 anos, sendo destituído pela Intervenção Federal, comandada por Arthur Bernardes, em 1923.

para a não aprovação de qualquer projeto que fosse contra a orientação de Borges de Medeiros.

A bancada antagonista à bancada gaúcha sobre a questão da legislação social foi a bancada "trabalhista" liderada por Maurício de Lacerda, Nicanor Nascimento e Deodoro Maia, foram a responsável em defender a intervenção do Estado na esfera social, advogando por leis que protejam os trabalhadores contra a ganância capitalista.

Outra bancada bastante ativa nas discussões na plenária da Câmara foi a de São Paulo, que, talvez, fosse a maior em número de deputados no Congresso. A posição que os deputados paulistas tinham em sua majoritária, fora de aprovar uma legislação trabalhista, mesmo que mínima, visto que seu maior interesse era acalmar os ânimos do movimento operário e trazer a "paz social" dentro do estado de São Paulo, uma vez que era neste estado onde se concentravam um dos maiores índices de conflitos entre patrões e operários.

Neste sentido, a bancada de São Paula diferenciava-se da do Rio de Janeiro, pois sua defesa da legislação não era devido a questões programáticas ou ideológicas, mas à defesa do direito da propriedade privada com claro interesse no desenvolvimento das indústrias e do comércio em São Paulo. Para isso, deveria reinar a "paz social" entre as classes, e o dispositivo que traria essa "paz" seria a legislação trabalhista. Os principais arguidores na Câmara por essa bancada foram Salle Júnior e Manoel Villaboim.

Portanto, foram essas três bancadas que protagonizaram os debates na Câmara sobre a legislação social. Os deputados favoráveis à aprovação dessa pauta tinham como principal tática a retórica da situação da classe trabalhadora e o perigo que ela enfrentava, ao ponto de ser influenciada pelo programa socioeconômico dos bolcheviques (ou maximalistas, termo usado frequentemente para denominar a facção bolchevique), ou seja, a derrubada da sociedade capitalista.

Nesse sentido, muitos discursos e debates proferidos na Câmara eram em torno de tentar mostrar que havia um perigo do maximalismo no mundo e que, em várias partes, já se adotavam antídotos para tal perigo: as leis trabalhistas. Vejamos o exemplo do deputado trabalhista da bancada paulista ao defender a aplicação dessas leis no Brasil:

> O Sr. Nicanor Nascimento – Vamente (SIC) o incremento da sua legislação obreira, e obrigou o imperador, pelo desen-

volvimento de sua política econômica, a aceitar o desenvolvimento da política operária. Assim tem sido em toda parte.

Os inimigos conservadores, os dominadores da terra, e portanto, os dominadores militares da política, nunca cederam na luta das classes, senão diante da batalha sangrenta ou de batalhas econômicas.

Se formos acompanhar a evolução na Inglaterra, encontraremos o partido trabalhista inglês, que, aliás (revelo à câmara este caso interessante) repele a dominação socialistas.

O Sr. Sales Junior – com razão o trabalhismo na Inglaterra não é socialista; é intervencionista.

Eu, Sr. Presidente, sou um intervencionista; **quero o Estado intevenha nas questões sociais, sempre em um proposito economico e jurídico, mas não pretendo o predominio das classes socialista, da classe operária sobre outras.**

O Sr. Sales Junior – há socialistas que também são intercionistas, como uma trasação no Estado Atual (Anais da Câmara dos Deputados, sessão de 30 de julho de 1918, p. 757-758, grifos nossos).

Nota-se que a arguição do deputado paulista é em torno da adoção da intervenção estatal nas questões sociais em detrimento das ideologias socialistas. Na fala de Nicanor Nascimento, mostra-se que os países conservadores foram obrigados a conceder direitos trabalhistas devido às batalhas sangrentas.

No mês de julho de 1918, começaram as discussões sobre o Código Trabalho na Câmara, em uma longa discussão envolvendo vários deputados de bancadas distintas, tanto para defender uma legislação trabalhista quanto com argumentos contrários à sua adoção no Brasil. Para o deputado Augusto de Lima da bancada de Minas Gerais:

Nossa cultura, felizmente, já dispensa essas regulamentações, que eram muito boas para os estados primitivos do Perú e do México, em que se regulavam[...]

O Sr. Joaquim Osório – *muito bem.*

O Sr. Bento de Miranda – é uma conquista ultra moderna esta regulamentação.

O Sr. Augusto de Lima – [...] *até o traje, alimentação, e era tudo racionado; o indivíduo nem sequer tinha a liberdade de em certas horas do dia aparecer nas ruas. E o regime das regulamentações casuísticas uma prova de barbaria, uma prova do estado primitivo.*

O Sr. Joaquim Osório – *muito bem.*

O Sr. Sales Junior – *E a defesa do operario fragil contra a prepotencia do patrão.*

O Sr. Bento Miranda – *Então os Estados mais adiantados se na barbaria.*

O Sr. Augusto de Lima – *A sociedade, à proporção que se vai emancipando, no terreno da civilização, vai dispensando as formulas e preceitos, por que já presume uma cultura nos espíritos que dispensa a sanção obrigatoria para a efetividade dos deveres morais.*

O Sr. Manoel Villaboim – *V. Ex. Nega a legislação* operaria nos países cultos?

O Sr. Augusto de Lima – *si formos estudar um pouco a filosofia dessas leis e que se refere a meu ilustre colega, no fundo delas iremos ver uma obra de pressão do momento, exigencias feitas em massa.*

O Sr. Simão Lopes – *para atender a questão operaria que lá existe.*

O Sr. Bento Miranda – *o orador prefere que seja feito assim? Nós devemos nos antecipar, antes que haja pressão.*

O Sr. Augusto de Lima – *Não creio que assim suceda entre nós. E o meio de aliviar a pressão não é a lei, por que esta pode atender a um aspecto das relações e despertar ambições, desejois de novas reivindicações, de etapa em etapa.*

O Sr. Bento Miranda – *elas fatalmente virão.*

O Sr. Manoel Villaboim – *qual será o critério do poder público. Nesta ocasião terá de modelar as revindicações por meio da lei.*

O Sr. Augusto de Lima – *A lei não serve de remédio, porque...*

O Sr. Sales Junior – *São realidades. A ausencia de legislação especial já tem aqui provocando graves questões entre capital e o trabalho, como V. Ex. sabe.*

O Sr. Augusto de Lima – *O que vemos entre nós, em materia de luta entre capital e o trabalho, são fantasmas que a nossa imaginação inventa.*

O Sr. Sales Junior – *São realidades. Temos a pova disso nas greves que se então reproduzindo. V. Ex. não desconhece os graves e conflitos que temos tido.*

O Sr. Joaquim Osório – *mas os países que a regulamentaram o trabalho não resolveram esse caso. Nesses países, a crise está cada vez maior.*

O Sr. Bento Miranda – *A regulamentação tem diminuido as proporções dessas crises.*

O Sr. Simão Lopes – *Não apoiado. Esses países são viveiros de grevistas.*

O Sr. Bento Miranda – *A legislação pode não resolver de toda questão, mas minora seus efeitos.*

O Sr. Augusto de Lima – *devemos, antes esclarecer; o povo que não está absolutamente educado, preparado para a reforma precisamos de escolas.*

O Sr. Bento Miranda – *Ora! A Rússia não estava preparada e acabou na desordem. Se os governos da Rússia tivessem adotado uma série de reformas ele não teria chegado a este ponto.*

Esta discussão, que acabamos de citar, demostra as orientações nas quais cada deputado estava imbuído. Gostaria de destacar a fala de Augusto de Lima, pois, para ele, a intervenção do Estado nas relações do trabalho não resolveria o problema do operariado. Ele argumentou que os países vizinhos não obtiveram resultados positivos, e que tal legislação levaria à bárbarie. Sua solução para a questão trabalhista não era era a intervenção, mas sim o cuidado com a moral espiritual dos trabalhadores. Ou seja, para o deputado mineiro, o problema operário estava provido da ideia de que as convulsões operárias estavam intimamamente ligadas à falta de uma educação moral civilizada.

Por outro lado, a bancada paulista, representada por Manoel Villaboim e Sales Júnior, rebateu as afirmações dos deputados contra a inserção da legislação trabalhista, dizendo que apenas a intervenção do Estado acalmaria os ímpetos dos trabalhores, diminuiria as greves e, consequentemente, evitaria prejuízos à produção. Já o deputado Bento Miranda, do estado do Pará, em resposta a Augusto de Lima, lembrou do caso Rússia.

Porém Augusto de Lima replica assim, o argumento do deputado paraense:

> Felizmente para nós, não ruge essa ameaça que nos vemos no mundo arrancar leis aos legisladores tradicionais.
>
> Felizmente, na vasta extensão do nosso país, cujo mal presentemente é o deserto, pouco valeriam as ameaças, as revoluções parciais, porque todos encontrarão nesse vasto território, espaço suficiente para viver facilmente (Anais da Câmara dos Deputados, sessão de 31 de julho de 1918, p. 842-844).

Entretanto, o deputado do Rio de janeiro, Deodoro Maia, reforça a fala de Bento Mirando: "Mas o Estado deve ter a necessária previdência para não deixar surjam esse movimento" (sessão de 31 de julho de 1918).

O deputado Bento Miranda, que estava a favor da aprovação do projeto, esclareceu as indagações do presidente da Câmara, que pediu explicações sobre o regime econômico da Rússia e também o que poderia ocorrer sem uma intervenção social naquela conjuntura. Veja o que o parlamentar falou:

> **Haja vista ao procedimento dos sovietes na Rússia, apoderando-se de todos os instrumentos de produção e de distribuição de riqueza.**
>
> O Sr. Presidente, o problema social moderno resulta, segundo todos os fatores históricos, de uma luta de classes, em que vem empenhado a humanidade desde dos primeiros albores da civilização. A Luta sem tréguas entre oprimidos e opressores, entre ricos e pobres, entre a pequena minoria de senhora da riqueza e a grande maioria do que nada possuem, teve seus dias trágicos em Atenas e em Roma, como séculos depois em Londres, em Paris e em Berlin.
>
> **Assim também, a grande massa humana, a imensa maioria dos pequenos e desprotegidos, quer no regaço**

> plácido e benefico da paz, quer no fragor e nos horrores dos embates da guerra, vai operando esse movimento centrifugo, irresistivel, de concentração e solidariedade **que fatalmente levará a humanidade a uma revisão mais equitativa na distribuição das conquistas e dos proventos do trabalho e esfoço humano** (Anais da Câmara dos Deputados, sessão de 24 de julho de 1918, p. 455-456, grifos nossos).

Dias depois desse debate na Câmara, o conhecido deputado trabalhista Maurício de Lacerda subiu à tribuna e direcionou seu discurso ao presidente da casa naquele momento, o deputado gaúcho Vespúcio de Abreu. Ele fez um apelo ao presidente da República, alertando que,

> Pelo Açodamento da polícia local. Dada essa desordem, o Governo vai tomar grandes providencias, não se sabe quais; **mas o Governo está em uma encruzilhada: ou tende para solução humana, ou confunde todos os elementos do problema e atira a classe proletária a uma agitação danosa não só à existência dele como à das próprias instituições nacionais.** Este aviso é de quem pede nesta hora, a máxima prudência, a maior calma, não fazendo uma ameaça; é de quem conhecendo as ameaças que aí existem contra a ordem, não do seio das sociedades proletárias, mas provenientes das provocações governamentais, neste extremo momento, apela para o sentimento do patriotismo brasileiro, o qual está definitivamente em prova diante de tão grave e indispensável situação perigosa para a república.
>
> São estas, Sr. Presidente, as ultimas palavras que dirijo ao atual Governo ao país. Se elas coibem no vazio, se no espaço o vento do interesse tiver de varre-las, que o **Sr. Presidente da república se prepare para ter deixado o Brasil na mais irremediável das soluções internas, em face da guera externa que lhe cumpre dentro de pouco tempo sustentar com honra e com sangue em outos campo, periclitante na sua existencia semelhante talvez a uma infeliz Rússia Americana** (muito bem; muito bem. O orador é cumprimentado) (Anais da Câmara dos Deputados, sessão de 9 de agosto de 1918, p. 391, grifos nossos).

A bancada gaúcha, sob a liderança de Carlos Panafiel, contra-atacou a estratégia da bancada fluminense, que via a legislação social como uma forma de amortecer os possíveis ímpetos revolucionários, inaugurados na Rússia e espalhados para várias regiões do mundo. O deputado gaúcho rechaçou essa tese do possível perigo do maximalismo brasileiro e, consequentemente, se opôs à a adoção, por parte do Estado brasileiro, de uma política social:

> **Aqui, não temos, por uma parte, a filosofia Barbara, incoerente e revolta de todos os sedimentos de estratificação do povo russo**, e, por outro lado, os exageros do idealismo doentio dos seus pensadores e artistas, na preocupação superior dos fatos morais e no eterno problema do altruísmo que não pode lembrar nem de longe o humanismo Frances de Comte de que se acha impregnada toda obra republicana no Brasil. Aqui não é possível, como profetizará profundo pensador brasileiro e a escrever há anos passados, sobre a missão da Rússia – "o cheque inevitável das Rússias, a nova dos pensadores e artistas, e a Rússia tradicional dos czares, o recontro do Ayra e do Kalmuko"(SIC).

> **Já ouvi um orador amedrontado nos acenar, durante os debates de julho sobre o código do trabalho, com perspectivas semelhantes.** Pois bem, não é do rio grande do sul, pela atitude que a câmara está vendo tomarmos decididamente nesta emergência, não é dos pampas que sopra a voz intensa de chamamento as massas trabalhadoras para campanhas instintivas, inconsciente, sem fim e sem direção que, em nada lhes aproveitará, que não remediarão as imperfeições do estado social presente (Anais da Câmara dos Deputados, sessão de 26 setembro de 1918, p. 370, grifos nossos).

A tentativa de rebater o argumento do perigo revolucionário muito utilizado naquele momento teve convergência com um trunfo usado pelos deputados contra a intervenção do Estado Brasileiro na relação entre capital e trabalho, pois, para o parlarmentar "a regulamentação, como querem os seus autores, os ilustres e acatados membros da comissão de justiça, além de inconstitucionalidade, de ilegal, de antirepublicana, por varios aspectos" (Anais da Câmara dos Deputados, sessão de 30 setembro de 1918, p. 566).

Na mesma sessão, o deputado Carlos Panafiel ainda verbalizou que a intervenção do Estado não acalmaria a agitação social, mas, a intensificaria. Ele usou o exemplo dos países vizinhos ao Brasil, especialmente o Uruguai, onde, segundo o deputado, estavam sendo aplicadas medidas socialistasque não resolveram a questão das greves (sessão de 30 setembro de 1918, p. 566).

No mês de novembro, Nicanor Nascimento volta à tribuna da Câmara para tentar persuadir os palarmentares, argumentando que a intervenção do Estado na relação capital e trabalho é a melhor maneira para combater o *maximalismo* no seio da classe operária. Ele afirmou que essa medida estava sendo adotada em várias partes do mundo e que o Brasil deveria seguir o exemplo. Veja como o deputado expõe sua argumentação:

> A controvérsia estabeleceu-se durante muito tempo sobre a necessidade de intervenção do Estado, e a negativa peremptória que políticos e **burgueses opunham ao surto das classes trabalhadoras e ao equilíbrio de seu salário exíguo com a renda exorbitante dos capitalistas deu em resultado conflitos sociais que se intensificam em explosões revolucionárias e transformaram a Europa de feudal a autocrática em Europa democrática, chegando muitas à excessiva explosão do maximalismo.** A esses tempos, as democracias europeias,

> **Sr. Presidente, aceitavam as soluções intervencionistas chegando ao resultado de integrar as classes operarias no governo da nação, nas resoluções nacionais. Obteve-se, como consequência, o Máximo de poder orgânico de cada nacionalidade.** Esta ação desenvolveu-se na França, nos Estados Unidos, na Inglaterra. Os governos aceitaram as teorias intervencionistas, avançaram-se com o proletariado inglês estendeu-se com labour Party e com os outros partidos trabalhistas e socialistas; e desse entendimento saíram os acordos que permitiram a ação voluntaria de toda nação dessa Inglaterra o Máximo de sua eficiência no mundo.

> Ora, esse estado de espírito, esse estado de consciência coletiva, que se realizou preliminarmente na Europa, como nos estados unidos, chegou neste momento ao Brasil.

> As classes antigamente chamadas inferiores, as classes pobres já tem a consciência do seu valor, do seu poder, da sua dignidade; felizmente, porém, essas classes não tem nenhuma tendência para o maximalismo desorganizador, pedem a intervenção do Estado e soluções orgânicas dos problemas sociais. Esse ponto exato em que o bom senso das classes proletárias se coloca defronte do que deve ser o bom senso das classes governamentais.

> **Se uma classe como a outra tiveram a energia, a sinceridade, a calma bastante para o estudo do problema e para**

> sua solução dada com sinceridade, dentro das necessidades nacionais, a crise terá solução legislativa; se, porém, caprichos, revivescência de sentimentos feudais, de domínio ou de sentimentos românticos de rebeldia colocaram as classes em irredutível antagonismo, teremos necessariamente as revoluções, que tem de passar **pela desorganização, pela desordem para chegar de novo a organização** (Anais da Câmara dos Deputados, sessão de 18 novembro de 1918, p. 441, grifos nossos).

Este discurso do parlamentar coincidiu com a insurreição anarquista no Rio de Janeiro, ocorrida justamente no dia 18 de novembro. Embora, como já discutimos, essa insurreição não tenha colocado em xeque a ordem burguesa por vários motivos, ela ajudou a fomentar o medo, por parte da elite, dos acontecimentos que foram profundamente iniciados na Rússia e que, em certa medida, se espalharam pela Europa e pela América. Portanto, esse evento ocorrido no Rio de Janeiro foi simbólico para aqueles deputados que defendiam a legislação social. Por outro lado, os deputados contrários, que minimizaram os perigos de um suposto *maximalismo brasileiro*, tiveram sua argumentação fragilizada.

Neste sentido, nos debates que se seguiram no Congresso sobre a legislação operária, logo após o ocorrido no Rio de Janeiro, os deputados potencializaram que aprovação teria uma função de apaziguar a sociedade brasileira. Vejamos a arguição de dois deputados favoráveis à aprovação do Código do Trabalho:

> O Sr. Abdon Baptista – *Devo dizer que estou pronto ao serviço das iniciativas liberais, para adotar o código do trabalho.* **Quero que o operário seja garantido contra o egoísmo do patrão, mas.** *O que não quero e que esse seja adquirido, reivindicado pela boca do bacamarte, de modo que o direito do capital, da industrial e do empreendedor fique afogado na onda de sangue.*

> O Sr. Vicente Piragibe – *Ninguém que isso também. V.Ex. Está pintando um quadro vermelho demais. Desejamos que o sol brilhe igualmente para todos, para o operário e patrão, para o capital e trabalho.*

> O Sr. Abdon Baptista – *Não estou dizendo o que é o que V. Ex. quer*

> O Sr. Vicente Piragibe – *Só um grupo limitado de sonhadores.*

O Sr. Abdon Baptista – *Peço licença para dizer também que estou na corrente das ideias de V. Ex.*

O Sr. Vicente Piragibe – *Então agradeço o concurso que V. Ex. me presta*

O Sr. Abdon Baptista – **Estou inteiramente as ordens; cooperarei do código do trabalho, garantindo ao operário, mas muito calmamente, também para garantir o capital. O que não quero, porém, é por palavras vagas, gestos indiretos, faça crescer a maré de anarquia e de ódios que tem vindo de longe. Precisamos aqui regularizar, por uma lei no congresso federal, os diretos e deveres dos operários e industriais.**

O Sr. Vicente Piragibe – *O fato é que não se contesta é que até agora o industrial tem tido tudo. V. Ex. é industrial, dos mais operosos, sabe disso, e o operário nada tem tido.*

O Sr. Abdon Baptista – *Não quero aludir a mim, que não sou industrial no Rio de Janeiro, vivo numa esfera mais modesta.*

O Sr. Vicente Piragibe – É industrial dos mais respeitáveis

O Sr. Abdon Baptista – *Mas por mim mesmo, por iniciativa minha, sei encaminhar os interesses do patrão e as conveniências dos operários.* **Os meus operários nunca se revoltaram contra mim, os salários foram levantados quase em 100% depois que encareceu a vida. Eles tem alimentação ao preço dos atacadistas, tem médico que o seu patrão fornece e escola junto da fábrica. Não venho pedir ao código do trabalho, nem à sociedade, que garantam contra o meu operário, por que ele é o meu amigo**

Estou falando em tese, diante do interesse nacional, que não deve ser suplantando como foi na ex-poderosa Rússia, que, de reivindicar...

O Sr. Vicente Piragibe – *V. Ex. Está confundido uma coisa com outra: a greve com o movimento anarquista. V. Ex. pode condenar o movimento anarquista; todos condenamos como crime de leso-patriotismo. O outro é movimento de greve pacifica; os operários em greve não querem matar ninguém, só querem o direito ao trabalho, nada mais.*

> O Sr. Abdon Baptista – *Então, tenho lido mal tudo isto. Certamente, muitos querem seus interesses atendidos; suas condições melhoradas e fazem a greve pacífica, o que é um direito; há, porém manifestações* **claras, positivas que tem havido movimentos subversivos, e o que eu não desejo, é que representantes da Nação, que a autoridade superior, cooperem, mesmo indiretamente, mesmo pelo silencio, para que elementos anarquistas atentem contra a ordem.**
>
> **Quanto o mais, nobre deputado, os meus dignos colegas, como disse, me tem a sua disposição para regular o trabalho, dentro das normas constitucionais, dentro do funcionamento legal do congresso** (Anais da Câmara dos Deputados, sessão de 22 de novembro de 1918, p. 702-703, grifo nosso).

Este debete entre o deputado, Vicente Piragibe do Distrito Federal, e Abdon Baptista, de Santa Catarina, não apresentou discordância quanto à política para a classe trabalhadora, pois ambos defendiam o Código do Trabalho para aliviar a situação de miséria e a conformação entre operários e patrões.

Outro elemento sintomático foi a fala do deputado e industrial Abdon Baptista. Ao defender o Código do Trabalho, ele mostrou que parte da burguesia brasileira apoiava medidas de concessões ao trabalho, mesmo que de forma tímida em relação às propostas do movimento operário "trabalhista", representado na Câmara pelos deputados Nicanor Nascimento e Maurício de Lacerda.

A fala de Abdon Baptista deixa claro o receio da classe trabalhadora totalmente desamparada. O exemplo que o parlamentar deu é notório para entender o pensamento da fração da burguesia revendo as suas convicções ortodoxas liberais. Como mostramos anteriormente, os editoriais dos principais jornais também se manifestaram a favor dessa legislação, ou seja, os meios de comunicações da burguesia chegaram a apoiar a criação de uma legislação social.

Nas últimas sessões da Câmara para validar ou não o andamento do projeto do Código do Trabalho, antes de o Congresso entrar em recesso das atividades do ano de 1918, entra em pauta novamente na discussão o deputado Nicanor Nacimento. Ele mais uma vez usa a retórica do perigo da revolução para rebater o argumento do deputado mineiro Francisco Valadares, que falava contra o Código, sob a justificativa da ruína econômica do país. Em sua intervenção, o deputado "trabalhista" diz assim:

– Sr, Presidente, é isto que explica a ruína Nacional, por isso que os créditos públicos escoam-se para mão dos intermediários, para mão improbidade e da venalidade.

Esta é a verdade, que precisa ser dita à nação: e se não coibidos semelhantes fatos, hão de chegar ao conhecimento do país por qualquer forma, e ele os há de coibir

Francisco Valadares – *isto é o que provoca o maximalismo.*

O Sr. Nicanor Nascimento – *ao contrário, é desgraça maior. O que os espíritos livres, que tem probidade denunciaram estas coisas e pedem corrigenda; mas os espíritos fracos, convence-se da inutilidade do Governo; e de que este ao invés de ser um instrumento das necessidades públicas, é o instrumento da fraude, do roubo, da especulação. E no dia, em que as populações estiverem convencidas disto, a revolução explodirá de todo o lado e não haverá força que a possa dominar.*

O Sr. Nicanor Nascimento – *A nossa situação reclama uma providência imediata. O problema da carestia da vida não pode ser resolvido pelo comissariado de alimentação pública, que outra causa não tem efeito senão anarquizar toda economia.*

É necessário uma organização capaz, e, se terá de ser feita através da desordem, do maximalismo, das mais atropeladas misérias, para depois a evolução não pode ser feita dentro da ordem de voltar de novo a organização. É isto o que peço se evite; é isto que é mister obstar; é isto que a ação dos homens públicos, que a desordem e a miséria levam o povo à revolução.

Este aparelho, Sr. Presidente, precisa ser extinto, por que é inútil, mas cumpre ser substituto por aparelho de ordem, de comprimento de capacidade, que realize a ordem nacional pare que ela não tenha de ser feita através da desordem (muito bem; muito bem.) (Anais da Câmara dos Deputados, sessão de 3 dezembro de 1918, p. 189-190, grifo nosso).

O fato é que o Código do Trabalho não prosseguiu para a votação na Câmara, posto que, pela natureza da Constituição Federal, que conferia grande autonomia dos estados em relação ao Governo Federal, os deputados oposicionistas conseguiram travar essa com alegação de que a mesma era inconstitucional[69], como o argumento mais plausível naquela conjuntura. A retórica sobre o princípio liberal de não intervenção do Estado e a minimização dos efeitos da revolução no mundo e no Brasil não foram suficientes para barrar a possível votação do projeto.

No entanto, a questão social no Brasil não poderia passar em branco devido aos conflitos sociais que estavam ocorrendo internamente e externamente no contexto de Primeira Guerra Mundial e da Revolução Russa. Assim, a solução encontrada na Câmara foi a substituição do Código do Trabalho por um dos seus artigos: a Lei de Acidente de Trabalho, aprovada no dia 15 de Janeiro de 1919.

---

[69] Nos anos seguintes após a aprovação da Lei de Acidente do Trabalho, continuaram os debates na sociedade brasileira sobre adoção de reformas para atender a classe trabalhadora, esses temas também foram pauta das campanhas presidenciais, como no caso já debatido do então candidato a presidente Rui Barbosa, que propôs, em 1919, uma reforma na Constituição Federal para facilitar a aprovação de leis trabalhistas, uma vez que o Código do Trabalho não prosseguiu para a votação devido à sua inconstitucionalidade. Nos anos 1920, Arthur Bernardes, eleito presidente da república, conseguiu fazer as devidas emendas na Constituição para que essas leis trabalhistas tivessem respaldo para serem debatidas no Legislativo e fossem aprovadas.

CONSIDERAÇÕES FINAIS

O objetivo desta investigação foi mostrar como a sociedade brasileira recepcionou o maior evento do século XX: a Revolução Russa de 1917, já que o século passado foi moldado pelas inflexões diretas e indiretas dos ecos advindo da Revolução Outubrina.

Antes de analisar o impacto da Revolução Russa na sociedade brasileira, foi necessário dedicar um capítulo especialmente ao processo revolucionário russo, começando pelo ensaio de 1905, passando pela queda do czar em fevereiro de 1917 e até seu desenvolvimento final com a chegada dos bolcheviques ao poder em outubro (novembro, no Brasil) de 1917. Posteriormente, neste capítulo fizemos um debate sumarial do reflexo internacional que Revolução Russa ocasionou no movimento operário e, consequentemente, sobre as tentativas de revoluções que esses países suportaram. Em muitos desses países, o movimento operário "atendeu" aos apelos das palavras proferidas por Lênin, que via a Rússia como o elo mais fraco da cadeia capitalista para acender as centelhas da revolução mundial.

Desse modo, ao trazer a discussão de forma sintetizada do processo da Revolução Russa como uma alternativa concreta para a classe trabalhadora, nosso objetivo foi contextualizar possiveís leitores não especialistas na temática, já que entendemos que não se pode falar do impacto da Revolução Outubrina na sociedade brasileira, sem fazer uma breve explanação do processo histórico da revolução e, conseuentemente, das primeiras ressonâncias do processo da Revolução no seio da classe trabalhadora e também na grande imprensa brasileira.

Ao reconstituir as primeiras notícias sobre a Revolução de fevereiro 1917, veiculadas na grande imprensa capitalista brasileira e o apoio desta ao governo provisório, buscamos demonstrar como a burguesia brasileira estava acompanhando o processo revolucionário russo. Da mesma forma, as entidades de classe trabalhadora mais esclarecidas que estava acompanhando, claro com outras lentes.

No segundo capítulo, fiz um breve apanhando sobre a formação da classe trabalhadora brasileira e a importância da conteúdo étnico racial para a gestação de uma consciência de classe, posto que o elemento estrangeiro na classe foi importante para engendrar uma bagagem ideológica antagônica ao capitalismo. Como foi o caso da militância anarquista, na qual viu o processo da ascensão dos trabalhadores na Rússia como uma redenção dos historicamente oprimidos.

Nesse momento, os periódicos, porta vozes das eleites, irão destilar ódio nos seus editoriais contra a jovem República Soviética; por outro lado, a classe trabalhadora organizada se fez presente para defender o novo regime, como demonstraram algumas moções e grandes manifestações em apoio e defesa Rússia revolucionária. Em 1918, ela estava sendo atacada pelas principais potênciais capitalistas.

A fenda aberta pela Revolução Soviética agitou a conjuntura mundial, coincindindo com a crise social, intensificada pelos efeitos da Primeira Guerra Mundial, na qual os trabalhadores foram as maiores vítimas. Trazendo essa realidade para o Brasil, que não ficou imune a esses efeitos da guerra, essa situação atingiu brutalmente a vida da classe trabalhadora brasileira e potencializou a situação de miséria. Assim, instaurou um movimento de Greve Geral, em vários estados brasileiros, conhecido como uma greve contra a carestia.

Entretanto, como demonstramos no texto, essa greve, além de assustar a burguesia (por que nunca houve algo assim antes no Brasil, uma greve dessa proporção e tão longa), teve também um ponto de apoio nos eventos ocorridos na Rússia.

Os setores mais organizados da classe trabalhadora e também os que tinham a ideologia radicalmente oposta ao capitalismo enxergaram o processo revolucionário como um ativador das esperanças de uma nova sociedade, ou seja, o socialismo no Brasil, por meio de uma ruptura radical, como ocorrera na Rússia e, consequetemente, como estava ocorrendo no mundo naquela conjuntura de conflito mundial.

No entanto, houve uma tentativa no Rio de Janeiro de uma Revolução Socialista. Essa ação de vanguarda apoiou-se em uma grande greve que ocorreu no Rio de Janeiro, na qual as lideranças deste movimento enxergaram a oportunidade de "assalto ao céu"; porém, como dissertamos, as chances eram mínimas (para não falar zero) de essa revolução dar certo.

Todavia, achamos importante discutir essa ação vanguardista para o propósito deste livro, a fim de demonstrar o poder da influência direta da Revlução Russa, evidenciado pelas memórias dos militantes que participaram da ação, mas também para mostrar que os aparelhos privados de hegemonia (a grande imprensa) estavam atentos e angustiados com esse episódio, a ponto de todos os grandes jornais noticiarem esse evento ocorrido no Rio de Janeiro.

O fato é que esta insurreição criou um fantasma para as elites brasileiras, à medida que qualquer greve mais intensa e violenta que ocorresse no país era taxada por muitos periódicos como *Maximalista*, ou seja, um movimento que queria implantar a Revolução no Brasil. É óbvio que havia exagero de alguns periódicos, que tratavam qualquer greve mais intensa como maximalista ou elemento anárquico que queria implatar os sovietes nas terras tupiniquins, posto que a maioria esmagadora dessas greves era contra a carestia da vida.

A paranoia anticomunista é sintomática para os possíveis leitores deste texto entederem o debate que vai acender em torno da classe trabalhadora e de seu potencial perigo para a ordem. Nesse sentido, a classe entra em evidência das discussões políticas de âmbito nacional, tanto pelo receio que a mesma poderia ocasionar, como também pelos setores organizados da classe trabalhadora e suas matrizes ideológicas: anarquista, socialista e os setores colaboracionistas ("traballhista").

Essas matrizes ideológicas visualizaram na Revoluação Russa um ponto de referência concreto da luta dos trabalhadores. Porém, as maneiras de agir foram diferentes, pois os anarquistas conceberam a derrubada do Estado capitalista como algo possível no Brasil, seguido da construção de uma nova sociedade. Assim, fizeram mobilizações no sentido de buscar a tão sonhada destruição da ordem burguesa. Já os "trabalhistas", que eram críticos da gestão do capitalismo no Brasil, ou seja, do governo, mas não do sistema como um todo. No entanto, diante da conjuntura internacional, esse setor ("trabalhistas"), inserido no movimento operário, viu a oportunidade de barganhar concessões do Estado no que se refere à legislação trabalhista, ao mesmo tempo em que rechaçava, por meio dos seus periódicos, os setores revolucionários da classe operária.

Já alguns setores socialistas viam com certo entusiasmo o levante dos operários e camponeses na Rússia, contudo, recusavam essa solução para o Brasil, pelo menos naquele momento, pois, segundo esses socialistas, o Brasil não estava preparado para tamanha ousadia, mas sim para acumular forças até que as condições objetivas estivessem prontas.

Em suma, houve um déficit da nossa parte em caracterizar melhor essas correntes do movimento operário em relação às expectativas de atuação a partir do exemplo russo, isto é, em detalhar melhor o impacto da Revolução Russa sobre essas correntes, mostrando como cada uma operou diante da acirrada luta de classes e de suas respectivas estratégias.

Ainda no segundo capítulo, fez-se necessário demonstrar como alguns personagens do movimento operário revolucionário, sobretudo advindos do anarquismo, foram impactados pelo processo revolucionário russo e por suas respectivas ações no movimento operário, e também pelas inflexões teóricas no pensamento dessas lideranças. Em suma, demonstramos o percurso desses personagens para denotar o quanto a Revolução Russa modelou uma perspectiva revolucionária no pensamento e na ação desses militantes.

A discussão desses dois primeiros capítulos faz parte de uma lógica maior neste trabalho, visto que, sem eles, o texto não teria coesão, uma vez que consideramos o terceiro capítulo o mais importante deste livro, posto que é nele que discutimos como a Revolução impactou o cenário político brasileiro e como isso refletiu na Câmara dos Deputados, a ponto de se discutir uma legislação social para a classe trabalhadora, haja vista que esse era o grande tema nacional de discussão das elites brasileiras, visto que esse evento internacional, somado à agitação operária, introduziu um tema que não era sensível na nossa República oligarca e liberal: a intervenção do Estado na esfera social.

Assim, o debate sobre a legislação trabalhista no Brasil começou a ganhar força no cenário nacional, haja vista que, repetidas vezes, os editoriais dos grandes jornais brasileiros pediam que o governo adotasse medidas protetivas para a classe trabalhadora, sob a alegação de que só essas medidas poderiam apaziguar o clima de agitação social que tomava o país.

Os jornais, porta-vozes das elites, defendiam a intervenção de uma legislação trabalhista, não por defenderem uma concepão política própria, pelo contrário, esses grandes jornais citados, em sua quase totalidade, eram jornais liberais do ponto de vista econômico. Porém, sob pressão da conjuntura interna e externa, tornaram-se defensores de uma legislação mínima para amparar os despossuídos. Já a imprensa "trabalhista" teve um impulso maior para defender sua plataforma política diante a conjuntura (1917-1920), na qual os "trabalhistas" potencializaram o medo da "sovietização" dos trabalhadores nacionais frente a sociedade brasileira.

Nesse sentido, o tema da legislação trabalhista tornou-se ponto de pauta da Câmara dos Deputados, por meio de projeto de dois deputados que tinham inserção no movimento operário, sobretudo entre aqueles não revolucionários. Além disso, foi também promessa de campanha presidencial em 1919, envolvendo dois candidatos principais: Eptácio Pessoa, que chefiou a comitiva brasileira na Organização Internacional do Trabalho, no qual o governo se tornou signatário dos acordos internacionais. Já seu adversário derrotado, Rui Barbosa, adotou uma plataforma de campanha intervencionista do Estado nas relações capital/trabalho. Essa promessa de campanha de Rui Barbosa repreentou uma capitulação de sua parte, pois ele nunca mencionou a classe trabalhadora, mas, em campanha eleitoral, fez-se defensor dessa classe. Porém, esse discurso dos candidatos integrava um debate nacional acerca da adoação dessa legislação contra os perigos do *maximalismo*.

O subtópico que debatemos sobre a Câmara Federal e o projeto de Maurício de Lacerda e Nicanor Nascimento foi aceito após a recusa da primeira tentativa, devido às pressões do movimento operário e de parte da burguesia brasileira, que expressava o medo de uma classe totalmente desprotegida. Mostramos ao longo deste terceiro capítulo, como os jornais brasileiros visualizavam o "perigo revolucionário" em seus respectivos editoriais. Trabalhamos os discursos (é bom deixar claro que a percepção do discurso que analisamos é amparado na realidade objetiva, pois não existe discurso fora da realidade concreta, como querem alguns) dos depuatdos que eram a favor do Código do Trabalho e usavam como principal retórica o impacto que a Revolução Russa poderia ocasionar aos proletariado brasileiro, defendendo que a única solução era a intervenção do Estado nas relações entre capital e trabalho.

Desse modo, os embates que apresentamos na Câmara sobre a aprovação da primeira lei de amparo ao trabalhador no âmbito nacional, a Lei de Acidente de Trabalho, também refletiram o impacto externo da Revolução Russa. Como mencionei anteriormente, a historiografia, ao debater o aspecto externo da legislação social, defende que foram os efeitos da Primeira Guerra e os acordos internacionais que o governo brasileiro assinou. Entretanto, tentamos apresentar que a Revolução Russa teve um impacto externo mais significativo do que os acordos internacionais assinados pelo Brasil.

No entanto, optamos por evidenciar o impactos dos ecos de Moscou na sociedade brasileira, a ponto de influenciar o debate sobre a adoção de uma legislação operária, assim como estava ocorrendo no mundo, especialmente na Europa Ocidental. Contudo, ao fazer as devidas mediações desses impactos, tanto no movimento operário quanto nos debates que se seguiram no cenário político brasileiro, analisamos o papel da Câmara dos Deputados, que foi foco deste livro.

Queremos deixar claro que a história das lutas sociais no Brasil não começou com o referencial da Revolução Russa, pois já havia antes diversas lutas de resistência na história do país contra o regime opressor. Todavia, com advento de uma alternativa concreta de uma nova sociedade, que emergiu com a derrubada da dinastia dos Romanov, houve entre as entidades combativas da classe trabalhadora um alento em suas lutas, a ponto de partirem para a ofensiva, objetivando a derrubada do capitalismo. Nesse sentido, a história do século XX é profundamente marcada pelo aparecimento dos sovietes na Rússia, tanto direta como indiretamente.

REFERÊNCIAS

ABENDROTH, Wolfgang. *A história social do movimento trabalhista europeu*. Rio de Janeiro: Paz e Terra, 1977.

ADDOR, Carlos Augusto. *A insurreição anarquista no Rio de Janeiro*. Rio de Janeiro: Dois Pontos, 1986.

ANDERSON, Perry. *Afinidades seletivas*. São Paulo: Boitempo, 2002.

ANDERSON, Perry. *Linhagens do Estado absolutista*. São Paulo: Brasiliense, 1995.

REIS FILHO, Araão Daniel. *Uma revolução perdida*: a história do socialismo soviético. São Paulo: Fundação Perseu Abramo, 2002.

BANDEIRA, Alberto Muniz. *O ano vermelho*: a revolução russa e seus reflexos no Brasil. São Paulo: Brasiliense, 1980.

BARBOSA, Rui. *Obras escolhidas*: campanha presidencial. Rio de Janeiro: Ministério da Educação e Cultura, 1956. Tomo 1. Original de 1919.

BARTZ, Frederico Duarte. *O horizonte vermelho*: o impacto da revolução russa no movimento operário do Rio Grande do Sul entre 1917 a 1920. Dissertação (Mestrado em História) – Universidade Federal do Rio Grande do Sul, Porto Alegre, 2008.

BENJAMIN, Walter. Sobre o conceito de História. *In*: BENJAMIN, Walter. *Magia e técnica, arte e política*. Tradução de Sérgio Paulo Rouanet. São Paulo: Brasiliense, 1993.

BRANDÃO, Octavio. *Agrarismo e industrialismo*: ensaio marxista leninista sobre a revolta de São Paulo e a guerra de classes no Brasil: 1924. 2. ed. São Paulo: Anita Garibaldi, 2006.

BRANDÃO, Octavio. *Combates e batalhas*: memórias. São Paulo: Alfa-Omêga, 1978. v. 1.

CARONE, Edgard. *A República Velha*: instituições e classes sociais. São Paulo: Difel, 1972.

CARONE, Edgard. *O movimento operário no Brasil (1877-1944)*. São Paulo: Difel, 1979.

CARR, Edward Hallett. *A Revolução Russa de Lenin a Stalin (1917-1929)*. Rio de Janeiro: Zahar, 1981.

DEAN, Warren. *A industrialização de São Paulo (1880-1945)*. Rio de Janeiro: Difel, 1970.

DEL ROIO, Marcos. Impacto da revolução russa e da internacional comunista no Brasil. *In*: MORAES, João Quartim; REIS, Daniel Aarão. *História do marxismo no Brasil*: impacto das revoluções. Campinas: Editora Unicamp, 2007. v. 1.

DEL ROIO, Marcos. Octávio Brandão nas origens do marxismo no Brasil. *Crítica Marxista*, São Paulo, v. 1, n. 18, p. 115-132, 2004.

DEUTSCHER, Isaac. *Trotski, o profeta armado*: 1879-1921. Rio de Janeiro: Civilização Brasileira, 1980.

DIAS, Everardo. *História das lutas sociais no Brasil*. São Paulo: Alfa-Omêga, 1977.

DULLES, John Watson Foster. *Anarquistas e comunistas no Brasil (1930-1935)*. Rio de Janeiro: Nova Fronteira, 1973.

ENGELS, Friedrich. *A situação da classe trabalhadora na Inglaterra*. São Paulo: Boitempo, 2012.

FAORO, Raymundo. *Os donos do poder*: formação do patronato político brasileiro. Rio de Janeiro: Globo, 1976.

FAUSTO, Boris. *O Brasil republicano*: sociedade e instituições (1889-1930). São Paulo: Difel, 1977. v. 3.

FAUSTO, Boris. *Trabalho urbano e conflito social (1890-1920)*. São Paulo: Difel, 1976.

FEIJÓ, Martin Cezar. *Formação política de Astojildo Pereira (1890-1920)*. São Paulo: Novos Rumos, 1985.

FERNANDES, Florestan. *A integração do negro na sociedade de classe*. São Paulo: Editora Global, 2008.

FERNANDES, Florestan. *Marx, Engels e Lenin*: a história em processo. São Paulo: Editora Expressão Popular, 2012.

FERREIRA, Maria Nazareth. *A imprensa operária no Brasil*. Rio de Janeiro: Editora Vozes, 1978.

GOLDMAN, Wendy. *Mulher, Estado e Revolução*. São Paulo: Boitempo, 2014.

GOMES, Ângela de Castro. *A invenção do trabalhismo*. Rio de Janeiro: Relume--Dumará, 1994.

GOMES, Ângela de Castro. *Burguesia e trabalho*: política e legislação social no Brasil 1917-1937. Rio de Janeiro: Editora Campus, 1979.

GRAMSCI, Antonio. *Cadernos do cárcere*. Rio de Janeiro: Civilização Brasileira, 2004. v. 2.

GRAMSCI, Antonio. *Maquiavel, a política e o Estado Moderno*. Rio de Janeiro: Civilização Brasileira, 1976.

HILL, Christopher. *Lênin e a Revolução Russa*. Rio de Janeiro: Zahar, 1967.

HOBSBAWM, Eric. *A era das revoluções (1789-1948)*. São Paulo: Paz e Terra, 2012.

HOBSBAWM, Eric. *Era extrema dos extremos*: O breve século XX 1914-1991. São Paulo: Companhia das Letras, 2012.

HOBSBAWM, Eric. *Mundos do trabalho*. Rio de Janeiro: Paz e Terra, 2000.

JOHNSTONE, Monty. Lênin e a revolução. *In*: HOBSBAWM, Eric (org.). *História do Marxismo V*: o marxismo na época da terceira internacional; a Revolução de Outubro; o austromarxismo. Rio de Janeiro: Paz e Terra, 1985.

KONDER, Leandro. *A derrota dialética*: a recepção das ideias de Marx no Brasil, até o começo dos anos 30. São Paulo: Expressão Popular, 2009.

KOVAL, Boris. *A grande Revolução de Outubro e a América Latina*. São Paulo: Alfa Omega, 1980.

LACERDA, de Maurício. *A evolução legislação do direito social brasileiro*. Rio de Janeiro: Nova Fronteira, 1980.

LÊNIN, Vladimir Iyich. *O Estado e a revolução*. São Paulo: Expressão Popular, 2010.

LÊNIN, Vladimir Ilyich. Que fazer?. *In*: LENIN, Vladimir Ilyich. *Obras escolhidas*. São Paulo: Alfa Omega, 1983. v. 1, p. 101-148.

LÊNIN, Vladimir Ilyich. *Teses de Abril*. Cartas de longe. São Paulo: Veja, 1979.

LOSURDO, Domenico. *Democracia ou bonapartismo*: triunfo e decadência do sufrágio universal. Rio de Janeiro: Editora UFRJ; São Paulo: Editora Unesp, 2004.

LOUREIRO, Isabel. *A revolução alemã (1918-1923)*. São Paulo: Editora Unesp, 2005.

LÖWY, Michel. Consciência de classe. *Revista Brasiliense*, Rio de Janeiro, n. 41, p. 138-160, 1969.

LÖWY, Michel; BESANCENOT, Oliviar. *Afinidades revolucionárias*: nossas estrelas vermelhas e negras por uma solidariedade entre marxistas e libertários. São Paulo: Editora Unesp, 2015.

LUXEMBURGO, Rosa. Greve de massa, partido e sindicatos. *In*: BOGO, Adermar (org.). *Teoria da organização política*: escritos de Engels, Marx, Lenin, Rosa e Mao. São Paulo: Expressão Popular, 2005. p. 241-333.

MARAM, Sheldon Leslie. *Anarquistas, imigrantes e o movimento operário brasileiro 1890-1920*. Rio de Janeiro: Paz e Terra, 1979.

MARIE, Jean-Jacques. *História da Guerra Civil Russa (1917-1922)*. São Paulo: Contexto, 2017.

MARX, Karl. *A revolução antes da revolução*. As lutas de classes de 1948 a 1850. O 18 Brumário de Luís Bonaparte. A guerra civil na França. São Paulo: Expressão Popular, 2008.

MARX, Karl. *O capital*. Crítica da economia política. Rio de Janeiro: Civilização Brasileira, 1968. v. 3.

MARX, Karl; ENGELS, Friedrich. *A ideologia alemã (Feuerbach)*. São Paulo: Hucitec, 1996.

MARX, Karl; ENGELS, Friedrich. *Manifesto do partido comunista (1848)*. Porto Alegre: L&PM, 2001.

MATTOS, Marcelo Badaró. *Escravizados e livres*: experiências comuns na formação da classe trabalhadora carioca. Rio de Janeiro: Editora Bom Texto, 2008.

MATTOS, Marcelo Badaró. *Trabalhadores e sindicatos no Brasil*. São Paulo: Expressão Popular, 2009.

MORAES FILHO, Evaristo de. A proto-história do marxismo no Brasil. *In*: MORAES, João Quartim; REIS, Daniel Aarão. *História do marxismo no Brasil*: impacto das revoluções. Campinas: Editora Unicamp, 2007. v. 1.

MORAES FILHO, Evaristo de. *Introdução ao direito do trabalho*. São Paulo: LTR editora Ltda, 1971.

MOREIRA, Aluízio Franco. A greve de 1917 em Recife. *Revista Clio*, Recife, n. 23, p. 45-71, 2005.

MURPHY, Kevin. O movimento grevista pré-revolucionário na Rússia (1912-1916). *Revista outubro*, São Paulo, n. 21, p. 124-141, 2013.

NEGRO, Hélio; LEUENROTH, Edgar. *O que é o maximismo ou o bolchevismo*. São Paulo: Semente, 1963.

OLIVEIRA, Lucas Goulart. *Coerção e consenso*: a questão social, o federalismo e o legislar sobre o trabalho na primeira República (1891-1926). Dissertação (Mestrado em Ciência Política) – Universidade de São Paulo, São Paulo, 2015.

OLIVEIRA, Tiago Bernardon de. *Anarquismo, sindicatos e revolução no Brasil (1906-1936)*. 2009. 267 f. Tese (Doutorado em História) – Universidade Federal Fluminense, Niterói, 2009.

PEREIRA, Astrojildo. *Formação do PCB*: notas e documentos, 1922-1928. Rio de Janeiro: Vitória, 1962.

PINHEIRO, Paulo Sergio. *A classe operária no Brasil (1889-1930)*: condições de vida e de trabalho, relações com os empresários e o Estado. São Paulo: Brasiliense, 1981. v. 2.

PINHEIRO, Paulo Sérgio. O proletariado industrial na Primeira República. *In*: FAUSTO, Boris (org.). *História geral da civilização brasileira*. São Paulo: Difel, 1977. v. 2.

PINHEIRO, Paulo Sergio; HALL, Michael M. *A classe operária no Brasil*: o movimento operário. São Paulo: Alfa Omega, 1979. v. 1.

PRADO JÚNIOR, Caio Prado. *História econômica do Brasil*. São Paulo: Brasiliense, 1974.

REZENDE, Antonio Paulo de Moraes. As primeiras ideias socialistas em Pernambuco. *Revista CLIO*, Recife, n. 23, p. 25-45, 2005.

REZENDE, Antonio Paulo de Moraes. Aspectos do movimento operário em Pernambuco. Memória e História. *Revista do arquivo do movimento operário brasileiro*, São Paulo: Livraria Editora Ciências Humanas, n. 2, 1982.

RODRIGUES, Leôncio Martins. *Conflito industrial e sindicalismo no Brasil*. São Paulo: Difel, 1966.

RODRIGUES, Leôncio Martins. *Industrialização e atitudes operárias (estudos de grupo de trabalhadores)*. São Paulo: Brasiliense, 1970.

SADER, Emir (org.). *Gramsci*: poder, política e partido. São Paulo: Expressão Popular, 2012.

SANTOS, Wanderley Guilherme dos. *Ordem burguesa e liberalismo político*. São Paulo: Duas Cidades, 1978.

SERGE, Victor. *O ano I da revolução Russa*. São Paulo: Boitempo, 2007.

SIMÃO, Azis. *Sindicato e estado*: suas relações na formação do proletariado de São Paulo. São Paulo: Dominus, 1966.

SODRÉ, Nelson Werneck. *História da imprensa no Brasil*. Rio de Janeiro: Graal, 1977.

THOMPSON, Edward Palmer. A Economia Moral da Multidão Inglesa no Século XVIII. *In*: THOMPSON, Edward Palmer. *Costumes em comum*. São Paulo: Companhia da Letras, 1998. p. 185-210.

THOMPSON, Edward Palmer. *A formação da classe operária inglesa*: a árvore da liberdade. Rio de Janeiro: Paz e Terra, 1987. v. 1.

THOMPSON, Edward Palmer. *A formação da classe operária inglesa*: a força dos trabalhadores. Rio de Janeiro: Paz e Terra, 1987. v. 3.

THOMPSON, Edward Palmer. *A formação da classe operária inglesa*: a maldição de Adão. Rio de Janeiro: Paz e Terra, 1987. v. 2.

TOLEDO, Edilene. *Anarquismo e sindicalismo revolucionário*: trabalhadores e militantes em São Paulo na Primeira República. São Paulo: Fundação Perseu Abramo, 2004.

TROTSKY, Leon. *História da Revolução Russa*. São Paulo: Sundermann, 2007a. Tomo 2, parte 2 e 3.

TROTSKY, Leon. *Lições de outubro e outros textos inéditos*. São Paulo: Sundermann, 2007b.

VIANNA, Luiz Werneck. *Liberalismo e sindicato no Brasil*. Rio de Janeiro: Paz e Terra, 1978.

ZAIDAN FILHO, Michel. *Anarquista e comunistas no Brasil*. Olinda: NEEPD, 2011.

ZAIDAN FILHO, Michel. Notas sobre as origens do PCB em Pernambuco: 1910-1930. *Revista do arquivo do movimento operário brasileiro*: memória e história, São Paulo: Livraria Editora Ciências Humanas, n. 2, 1982.

ZIZEK, Slavoj. *Às portas da revolução*. São Paulo: Boitempo, 2005.

Fontes primárias:

Biblioteca Nacional Digital – http://bndigital.bn.gov.br/hemeroteca-digital/

Correio da Manhã – RJ, 1917

A Razão – RJ, 1917-1920

Folha Nova – RJ, 1919

Estado de São Paulo – SP, 1917

O Debate – RJ, 1917

A Província – PE, 1917

Diário de Pernambuco – PE, 1917-1919

A Terra Livre – SP, 1910

O Amigo do Povo – SP, 1918

A Voz do Povo – SP, 1920

O País – RJ, 1917-1919

Jornal do Brasil – RJ, 1918

A Epoca – RJ, 1917-1918

A Noite – RJ, 1917-1918

Congresso Nacional: Anais Da Câmara Dos Deputados, Rio De Janeiro: Imprensa Nacional, 1917-1919

Arquivo Marxista Na Internet – https://www.Marxists.Org/Portugues/Index.Htm

A Plebe – SP, 1917-1920

Spártacus – SP, 1919

Crônicas Subversivas – RJ, 1918

O Cosmopolita – RJ, 1917-1918